Mein erstes Strickbuch

MARIELLA VITALE

MEIN ERSTES Strickbuch

Strickschule mit originellen Anleitungen

CV

Inhalt

Vom Anfänger zum Maschenprofi

In diesem Buch nehme ich dich mit in die magische Welt des Strickens. Mit zwei Stricknadeln und Garn zauberst du schon bald viele tolle Unikate aus gestrickten Maschen!

Stricken macht Spaß und entspannt. Stricken kannst du überall, und wenn du es erst einmal kannst, willst du gar nicht wieder aufhören!

Alles, was du für den Anfang brauchst, sind ein Paar Stricknadeln und schönes, buntes Garn. Hier findest du die Anleitungen, nach denen du die Grundmaschen schnell lernst, und viele Tipps und fantasievolle Ideen, die dir helfen, ein echter Strickprofi zu werden.

Der erste wirkliche Tipp ist: **Hab ein wenig Geduld!** Niemand wird mit einem Paar Stricknadeln in den Händen geboren. Also lass dich **nicht entmutigen**, wenn dein Werk beim ersten Versuch noch nicht so aussieht wie auf den Fotos im Buch. Es braucht ein bisschen Übung, aber jeder hat einmal so angefangen wie du. Aufribbeln und noch mal stricken gehört zum Üben einfach dazu! Wenn es dann besser wird, kannst du mit Recht stolz auf dich sein. Und unter uns gesagt, jeder wird lieben, was du da tust, weil du dir so viel Mühe gibst! Also los, hol die Nadeln und ein schönes Garn und **lass uns starten!**

Tipps für Erwachsene

Stricken fördert Feinmotorik und Konzentrationsfähigkeit, es stärkt das Selbstbewusstsein und vertreibt Langeweile – vor allem macht es aber riesigen Spaß!
Sie haben die Chance, Ihr Kind zu unterstützen, das sich zum ersten Mal ans Stricken wagt. Wenn sich Kinder kreativ betätigen, entwickeln sie neue Fähigkeiten, gewinnen Selbstvertrauen und schaffen Großartiges. Stricken ist richtig gut für Kinder!
Die Projekte in diesem Buch sind so konzipiert, dass Kinder sie selbstständig durchführen können, auch wenn einige mehr Aufmerksamkeit erfordern als andere. Ermutigen Sie Ihr Kind, so viel wie möglich selbst zu machen, und helfen Sie nur, wenn Sie darum gebeten werden. Feuern Sie Ihr Kind an und freuen Sie sich über Erfolge, bejubeln Sie auch kleine Fortschritte und schenken Sie so viel Anerkennung und Lob wie möglich. Ihre Begeisterung stärkt das Selbstwertgefühl Ihres Kindes und fördert die Ausdauer.

Alles, was du brauchst

Mit diesen Materialien starten wir in unser Abenteuer:

Stricknadeln

Holz- oder Bambusnadeln mit abgerundeter Spitze

Wollnadel ohne Spitze

Man weiß ja nie

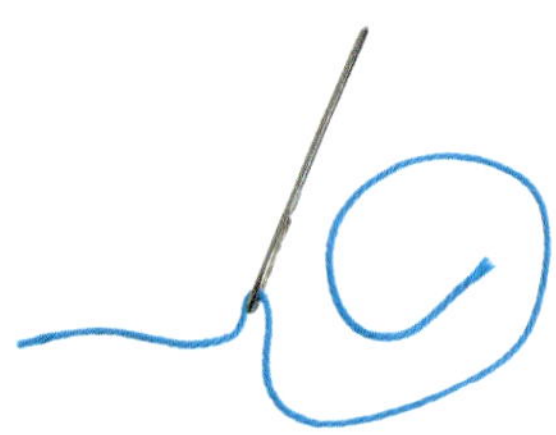

Schere mit runder Spitze

Sicherheit geht vor

Ein Zentimetermaß

oder ein Lineal

Stecknadeln

Pass auf, dass du dich nicht stichst!

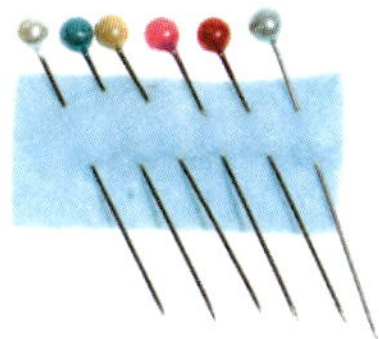

Ein paar Stücke Filz

Einige Haftzettel

Solche, die sich wieder ablösen lassen, damit du eine Anleitung oder wichtige Seiten zum Nachschlagen markieren kannst.

Garn aus Wolle oder Baumwolle

Ich habe mich bei allen Modellen in diesem Buch für ein mittelstarkes Baumwollgarn entschieden, das mit einer Nadelstärke 4 mm gestrickt wird

etwas Synthetische Füllwatte

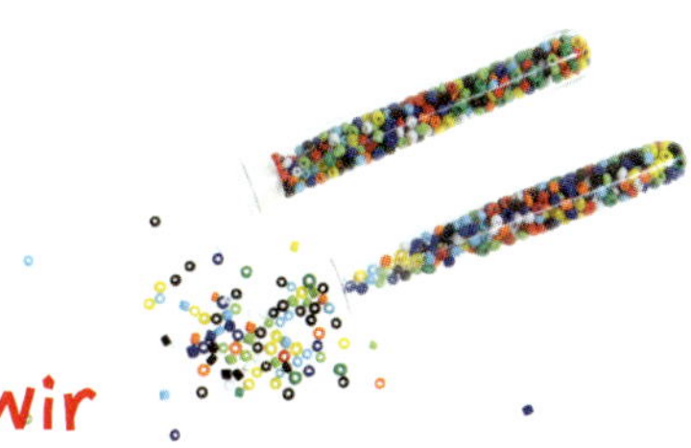

Plastikaugen

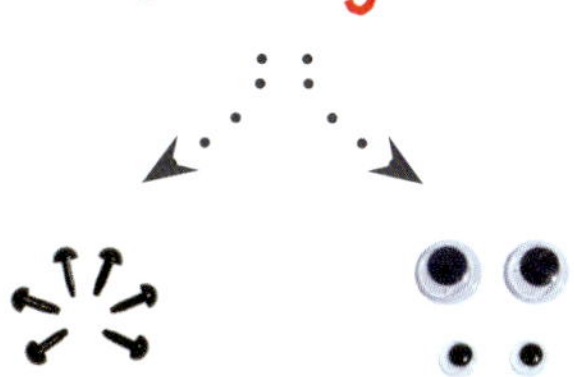

Sicherheits-augen

Wackelaugen zum Aufkleben

Haben wir genug Perlen?

Knöpfe auch?

Womit fangen wir an?

Lass uns zuerst über STRICKNADELN sprechen.
Stricknadeln sind lange Nadeln zum Stricken von Garn, die aber nicht stechen!
Es gibt die unterschiedlichsten Stricknadeln – aus Metall, Holz, Bambus, Kunststoff, Aluminium, es gibt sogar Nadeln mit LED-Lichtern und solche, die nachts im Dunkeln leuchten. Es gibt lange Nadeln, die man sich während der Arbeit unter die Achseln klemmt, kürzere Nadeln, die nur etwa handtellergroß sind, ein Paar Nadeln, die durch ein Plastikseil verbunden sind, und Nadeln mit zwei Spitzen.
Die Auswahl ist riesig!

Die Nadelstärke verrät dir den Durchmesser einer Stricknadel, also wie dick sie ist.
Du musst wissen: Das Garn bestimmt die Nadelstärke, so wie sich ein Zauberstab seinen Zauberer wählt.
Ein dickes Garn braucht dickere Stricknadeln, ein dünneres Garn Nadeln mit kleinerer Nadelstärke.
Für den Anfang sind Stricknadeln aus Holz oder Bambus am besten geeignet, weil die Maschen darauf nicht so leicht rutschen (denn Maschen reißen gerne mal aus und machen dann große Löcher in deiner Arbeit).

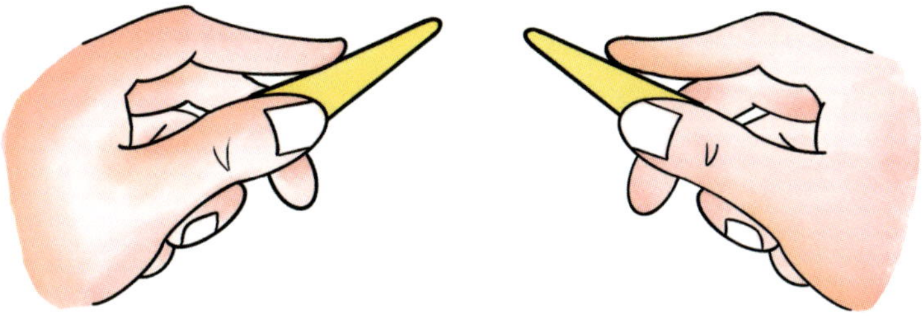

Am besten strickt es sich im Sitzen. Dann kann man sich ganz entspannt auf Nadeln und Garn in den Händen konzentrieren.
Die Maschen werden von rechts nach links gestrickt und von der linken auf die rechte Nadel weitergegeben, während der Faden in der rechten oder linken Hand gehalten und über die rechte Nadel gelegt wird, um die Masche zu bilden.
Aber warte, alles Schritt für Schritt!

Aufbau einer Stricknadel

Zum Stricken braucht man zwei Stricknadeln, und zwar in der Regel zwei gleich große (wie bei Schuhen). Aber wie sehen die genau aus?

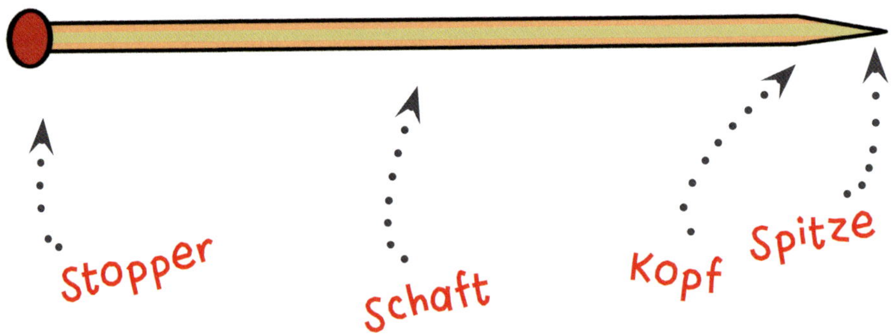

DIE SPITZE: Das ist der Teil, den man zwischen die Maschen einsticht. Sie muss glatt genug sein, um durch die Maschen zu gleiten, darf aber nicht zu spitz sein, damit du nicht in das Garn oder in deinen Finger stichst.

DER KOPF: Er dient dazu, die Fadenschlinge durch die Masche zu ziehen. Er muss die richtige Größe haben, damit die neuen Maschen nicht herunterrutschen können. Sein Durchmesser bestimmt auch die Größe der Maschen.

DER SCHAFT: Das ist der Teil, der die Maschen hält, bis sie an der Reihe sind.

DER STOPPER: Er dient dazu, die Maschen auf der Nadel zu halten, damit sie hinten nicht abrutschen (wie du weißt, nehmen Maschen gerne mal Reißaus).

Garn, Faden und Knäuel

Jetzt geht es um das Garn, mit dem du strickst. Es gibt **Garnknäuel** in vielen verschiedenen Farben und Materialien, bunt, glatt, superhaarig, weich, klebrig, es gibt sogar Garn aus Papier, mit Pompons oder Pailletten!
Dickere Garne lassen sich leichter verarbeiten. Such dir daher für dein erstes Projekt ein schönes, dickes Garn in deiner Lieblingsfarbe und ein Paar Stricknadeln in der richtigen Größe. Je besser du stricken kannst, desto mehr Spaß macht es, alle möglichen Garne auszuprobieren, vielleicht sogar einmal ein Garn aus zerschnittenen Plastiktüten oder aus Baumwoll-T-Shirts, die zu eng geworden sind!

Jedes Knäuel hat eine BANDEROLE. So nennt man das Papieretikett, das dir alle Geheimnisse über dein Garn verrät. Dazu gehören das GEWICHT des Knäuels und die LÄNGE des Fadens, die PARTIE der Farbe (das ist die Nummer des Farbbades, aus dem dieses Knäuel stammt), die Pflegehinweise zum WASCHEN und eine Zahl, die die NADELSTÄRKE angibt, die am besten zum Garn passt (mit einem Symbol, das an zwei gekreuzte Schwerter erinnert). Diese Zahl ist wichtig. Mit Stricknadeln in der richtigen Größe ist das Stricken viel leichter und die Maschen werden sofort schöner.

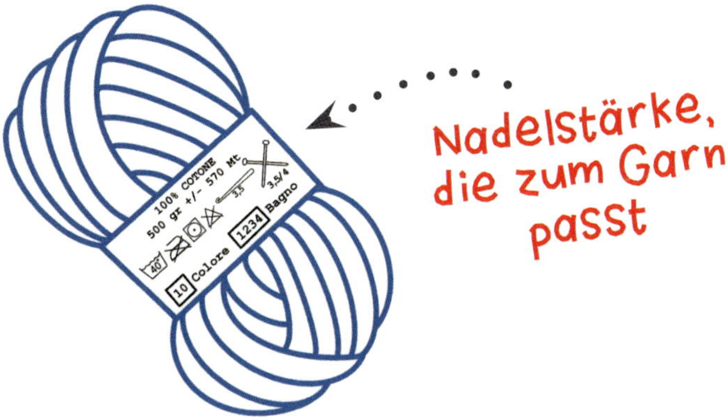

Wähle eine Nadelstärke, mit der du entspannt arbeiten kannst. Deine Hände sollten dir beim Stricken nicht weh tun.

Stricke zuerst eine MASCHENPROBE, bevor du mit einem Projekt beginnst. Das ist ein kleines Probestück von ca. 10 cm × 10 cm Größe. Daran merkst du sofort, ob die Nadeln zum Garn passen oder ob sie zu dick oder zu dünn sind.

Ist das Muster LOCKER oder löchrig, nimm dünnere Stricknadeln mit kleinerer Nadelstärke. Ist es zu FEST oder hast du Schwierigkeiten, mit der Nadel in die Maschen einzustechen, nimm dickere Nadeln mit einer größeren Nadelstärke.

Der erste Schritt

Hurra, es geht los!! Aber wie? Womit befestigen wir den Faden an der Stricknadel? Diesen Anfang macht die Anfangsschlinge.

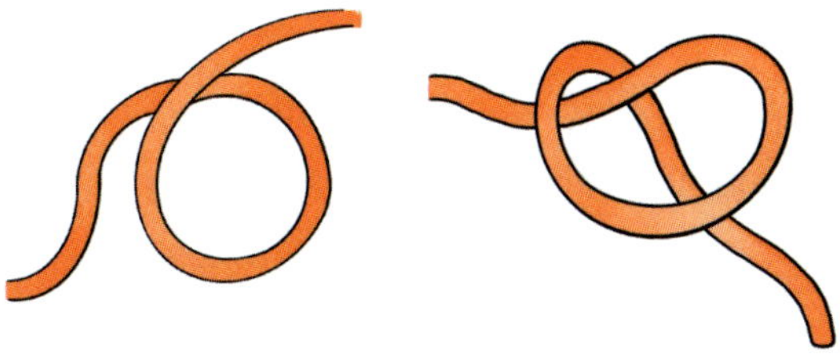

1 Lege den Faden zu einer Schlinge, aber nicht direkt am Anfang des Fadens, sondern lass ein langes Fadenende. Das brauchst du für die nächsten Maschen. Nun schiebe die Schlinge wie auf dem Bild über das Fadenende, das vom Garnknäuel kommt.

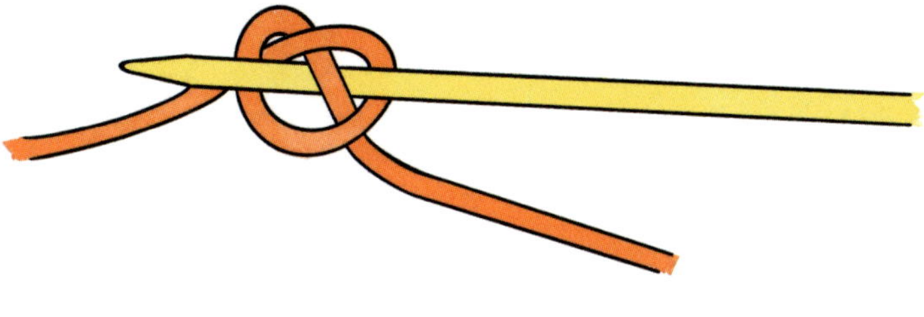

2 Fahre mit der Nadel unter dem Faden durch und ziehe ihn durch die Schlinge.

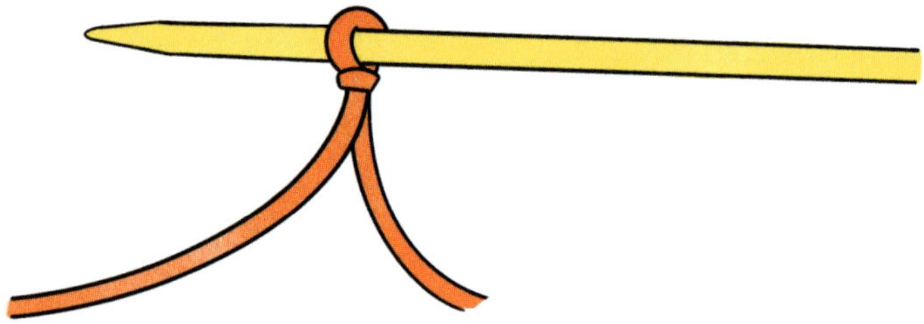

3 Ziehe nun erst an dem Fadenende, dann an dem Faden, der vom Knäuel kommt. Damit ziehst du die Anfangsschlinge auf der Nadel fest.

Herzlichen Glückwunsch!!!

Du hast die Anfangsschlinge für deinen Maschenanschlag fertiggestellt!

Nicht vergessen! Diese und die nächsten angeschlagenen Maschen dürfen nicht zu locker sein, damit sie nicht von der Nadel rutschen, aber auch nicht zu fest, damit sie sich gut auf der Nadel bewegen lassen. Die Maschen müssen so leicht über die Nadeln gleiten wie ein Seehund übers Eis!

Lass uns den ersten Meilenstein mit einer schönen Medaille feiern!

Das lange Fadenstück, das du am Anfang übrig gelassen hast, brauchst du nun, um die Maschen anzuschlagen, d. h. um eine ganze Reihe von Maschen auf die Nadel zu legen. Diese Reihe ist dann der Beginn deiner Arbeit. Denke wirklich immer daran, das Fadenende lang genug zu lassen, denn wenn es zu kurz ist und nicht ausreicht, musst du alle Maschen wieder aufziehen und neu anfangen!

Lass uns mal überlegen

Wenn du mehr Maschen anschlägst, wird dein Strickstück breiter.

Und umgekehrt:

Wenn du weniger Maschen anschlägst, wird dein Strickstück schmaler.

Logisch, oder?

Da wir nun die Anfangsschlinge als erste Masche haben, schauen wir mal, wie wir die übrigen Maschen anschlagen.

1 Halte die Nadel mit der ersten Masche in der rechten Hand. Nimm das lange Fadenende in die linke Hand. Bilde eine Schlaufe, indem du das Garn um deinen linken Daumen legst.

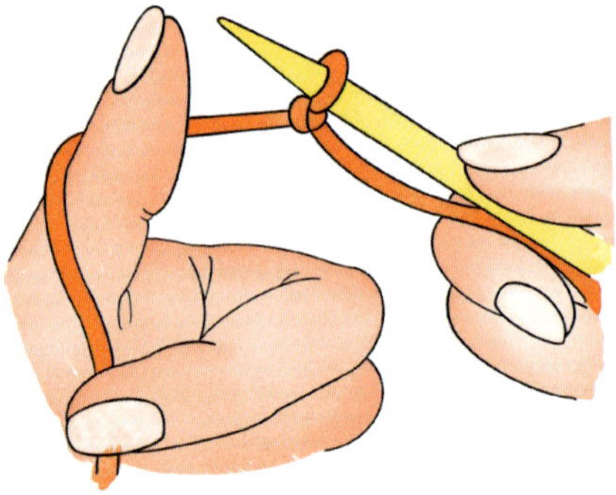

2 Führe die Spitze der Nadel von unten durch die Schlinge.

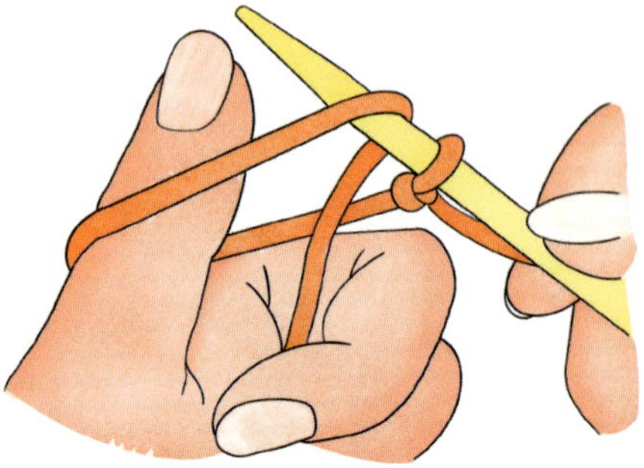

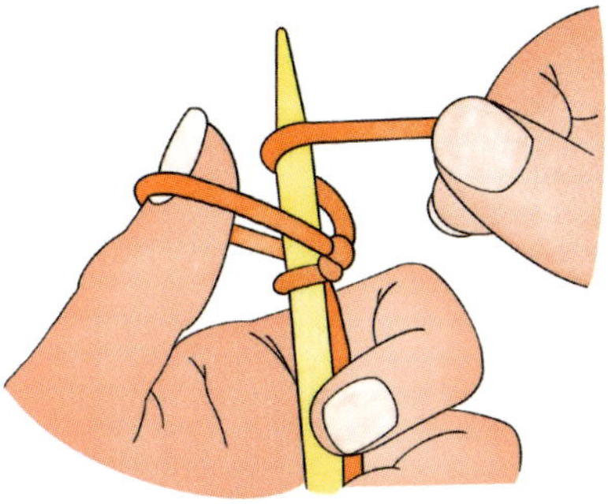

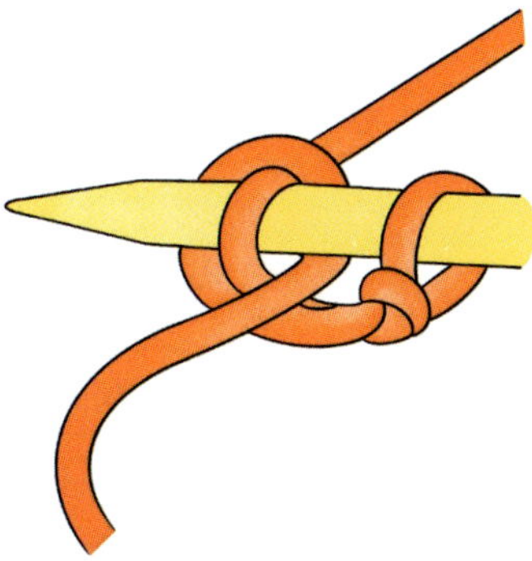

3 Lege den vom Knäuel kommenden Faden von hinten um die Nadelspitze herum.

4 Schiebe den Faden mit der Nadel durch die Schlinge, die um den Daumen herum liegt, und lass die Schlinge vom Daumen rutschen.

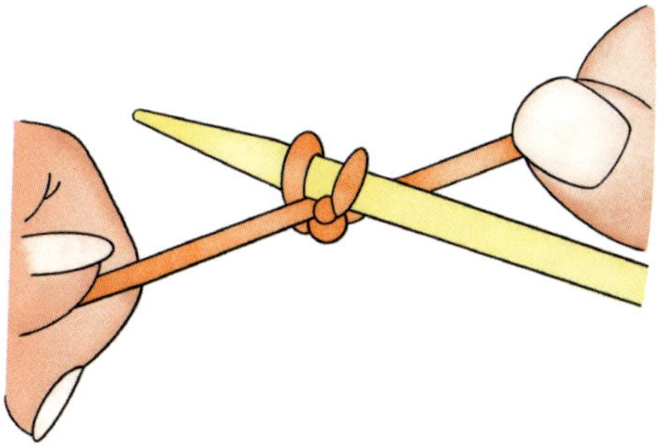

5 Ziehe den Faden etwas an. Und schon hast du zwei Maschen auf der Nadel!

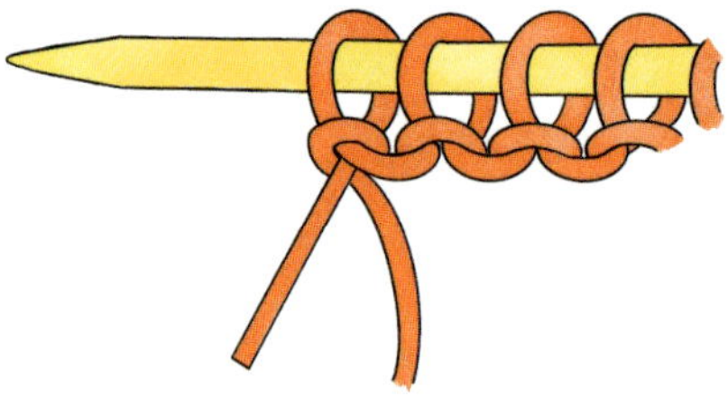

6 Wiederhole nun den Vorgang so lange, bis du die Zahl an Maschen auf der Nadel hast, die du für deine Arbeit benötigst.

Hurra!!!!!!

Das war schwer, aber du hast es geschafft!
Zu Beginn deiner Karriere als Strickprofi ist es ganz schön schwierig, Maschen anzuschlagen, weil es sich um ungewohnte Bewegungen handelt. Lass dich davon nicht entmutigen! Du wirst sehen, dass es mit ein wenig Übung und viel Geduld immer leichter wird.
Du hast dir eine Medaille verdient!

Spannung!!
Wie halte ich den Faden?

Um gleichmäßige Maschen zu stricken, musst du den Faden mit der richtigen Spannung in der Hand halten: Er darf weder zu locker noch zu fest sein und soll leicht durch deine Finger gleiten, ohne durchzuhängen. Das kitzelt anfangs ein wenig, du gewöhnst dich aber schnell daran.

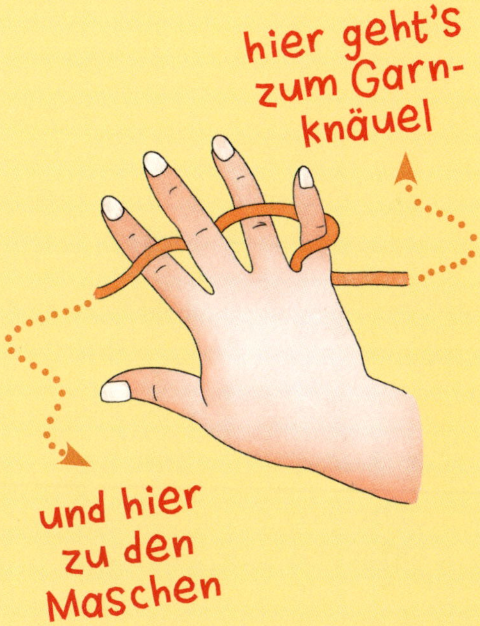

Lege den Faden wie im Bild gezeigt um die Finger der rechten Hand (oder um die Finger der linken Hand, je nachdem, was dir lieber ist), zuerst um den kleinen Finger, dann über den Ringfinger und unter dem Mittelfinger und dann wieder über den Zeigefinger.

Wenn dir diese Fadenhaltung unangenehm ist, versuche es auf eine Art, die dir besser gefällt. Du wirst mit der Zeit immer mehr Erfahrungen sammeln, wie du die Spannung des Fadens kontrollieren kannst!

Rechte Maschen

Rechte und linke Maschen sind die beiden Grundmaschen, mit denen du alles stricken kannst – wirklich alles! Indem man diese Maschen wiederholt oder abwechselt, auslässt oder überzieht, zusammenstrickt oder verdoppelt, lässt sich eine unglaubliche Vielzahl von Mustern kreieren.

Am besten beginnst du mit rechten Maschen – am Ende wartet eine Medaille auf dich!

Und noch etwas! Mach dir keine Sorgen, wenn du Linkshänder bist. Die Anleitung ist die gleiche. Wenn dich die Anleitung jedoch verwirrt, tausch einfach mal das Wort »rechts« gegen »links« aus und umgekehrt und schau, ob es dir damit leichter fällt!

1 Halte die Stricknadel mit den angeschlagenen Maschen in der linken Hand, die noch leere Nadel in der rechten Hand. Der Faden, der vom Knäuel kommt, liegt hinten.
Führe die Spitze der Nadel, die du in der rechten Hand hältst, durch die erste Masche der linken Nadel. Schau mal genau hin: Die linke Nadel liegt nun oben, die rechte Nadel unten.

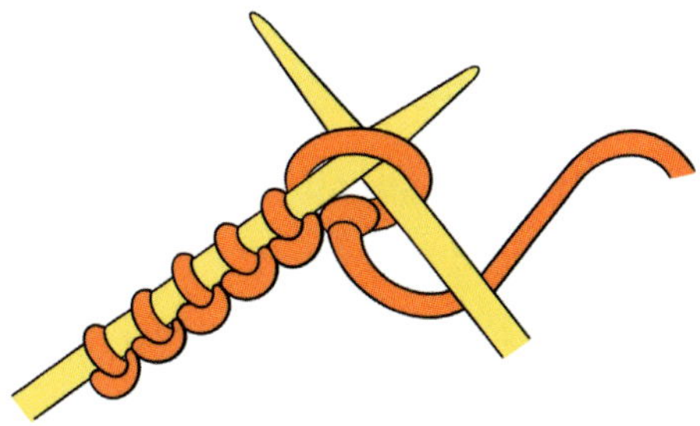

2 Wickle nun den Faden, der vom Knäuel kommt, von hinten um die rechte Nadel herum und wieder zwischen den beiden Nadeln entlang.

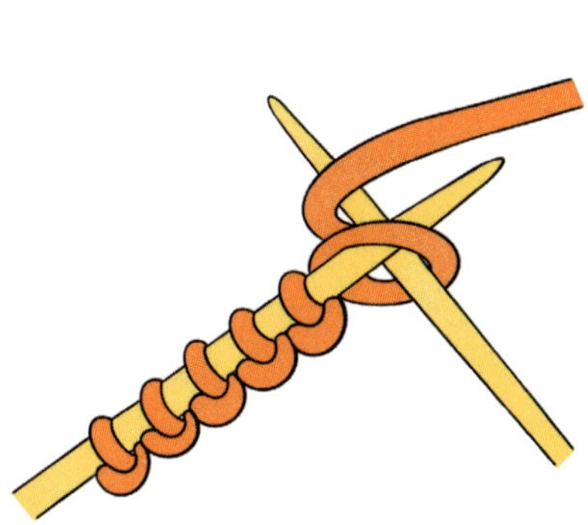

3 Ziehe die Spitze der rechten Nadel etwas zurück und schiebe den Faden durch die Masche. Hilf ruhig mit der Fingerspitze etwas mit, wenn nötig.
Pass aber auf, nicht zu stark zu ziehen, sonst rutscht die Nadel aus der Masche!

4 Hebe die rechte Nadel leicht nach oben und vor der linken Nadel aus der Masche heraus.

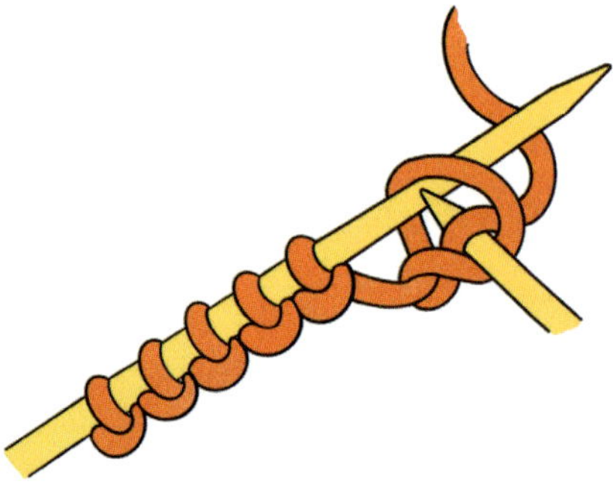

5 Ziehe die linke Nadel aus der ersten Masche heraus und ziehe leicht am Faden.

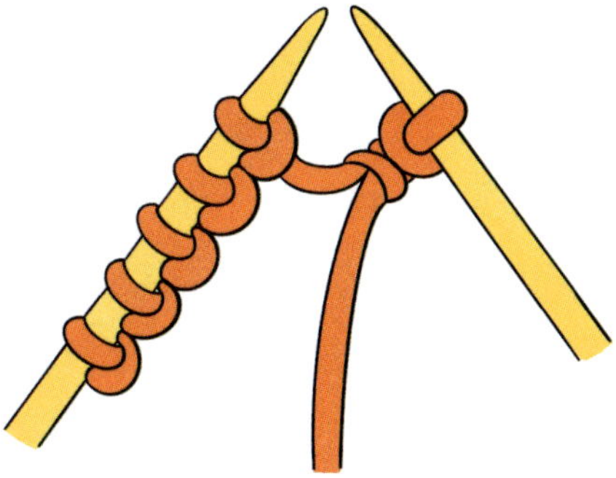

Herzlichen Glückwunsch, du hast gerade **deine erste rechte Masche gestrickt**!
Wiederhole nun dasselbe mit allen Maschen, die noch auf der linken Nadel liegen.

6 Wenn sich alle Maschen, die auf der linken Nadel lagen, auf der rechten Nadel befinden, ist die **erste Reihe** beendet.

7 Nimm nun die rechte Nadel in die linke Hand und beginne die zweite Reihe. Das nennt sich »wenden«.

Das hast du richtig gut gemacht! **Du kannst rechte Maschen stricken**! Dafür bekommst du eine Medaille!

Du wirst es kaum glauben, aber du hast gerade schon ein wichtiges Strickmuster gelernt! Das Muster wird »kraus rechts« genannt und entsteht, wenn man die Maschen in allen Reihen rechts strickt. Es wird dir nicht nur in diesem Buch immer wieder begegnen.

Bei diesem Muster sehen die Vorderseite und die Rückseite der Arbeit gleich aus. Man erkennt Rippen aus vielen kleinen Wellen.

An diesen Rippen lässt sich auch abzählen, wie oft du beim Stricken gewendet hast, also wie viele Reihen du gestrickt hast, denn 1 Rippe aus kleinen Wellen = 2 Reihen rechte Maschen.

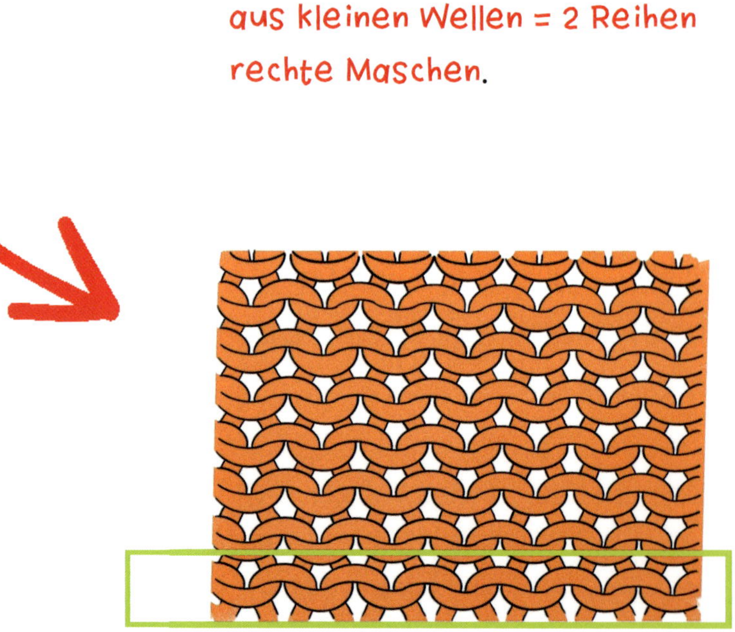

Abketten oder wie man die Arbeit beendet

Nach einigen Metern rechte Maschen (also im kraus rechten Muster) hast du beschlossen, dass du die passende Höhe erreicht hast? Was nun? Wie werden die letzten Maschen so gesichert, dass sie nicht wieder aufribbeln? Schauen wir uns mal an, wie man die Arbeit nun abschließt.

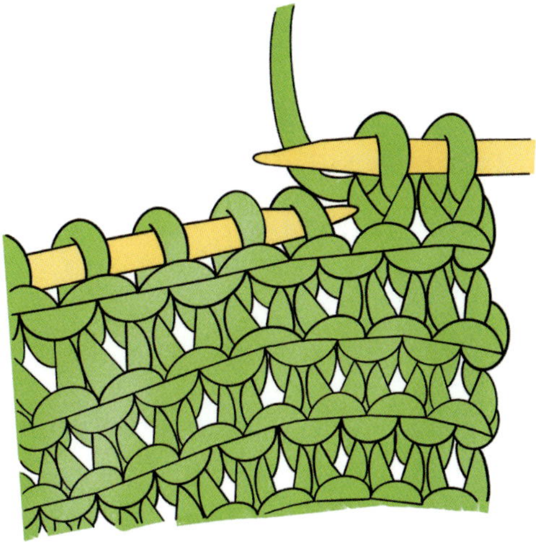

1 Stricke die ersten beiden Maschen der linken Nadel wie bisher.

2 Stich mit der Spitze der linken Nadel in die erste Masche der rechten Nadel ein, hebe diese etwas an (das macht sie lockerer), dann ziehe sie über die zweite Masche und sogar über die rechte Nadelspitze hinaus und lasse sie von der linken Nadel in die kleine Lücke zwischen den Maschen rutschen.

3 Stricke eine weitere Masche der linken Nadel (es liegen jetzt wieder zwei Maschen auf der rechten Nadel) und WIEDERHOLE den Vorgang, die erste Masche der rechten Nadel über die zweite Masche und die rechte Nadelspitze zu ziehen. Wiederhole dies mit allen Maschen, die auf der linken Nadel liegen, bis am Ende nur noch eine Masche übrig ist.

4 Schneide den Faden ab, lass dabei aber ein ca. 30 cm langes Fadenende übrig. Ziehe die Stricknadel aus der letzten Masche und weite sie mit den Fingern ein bisschen. Fädele das abgeschnittene Fadenende durch die Masche und ziehe es fest an!

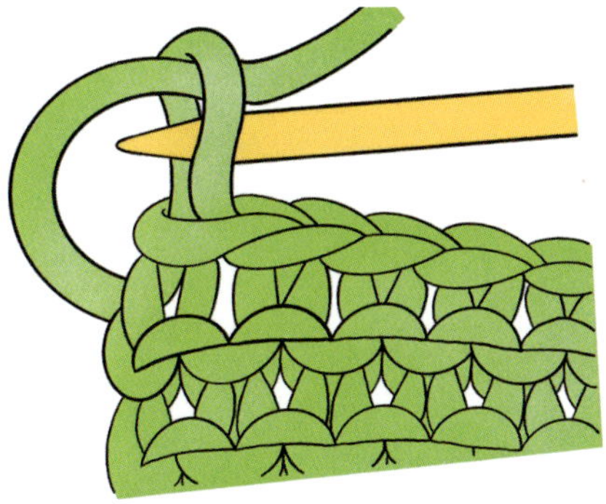

Taadaa!!! Du hast deine Maschen abgekettet. Damit hast du dir eine Medaille verdient!

Spotty, der Superhund

Das einfachste Projekt der Welt für den Anfang!

Ganz leicht und superniedlich – und wie von Zauberhand macht dich dieses Projekt mit Nadeln und Garn vertraut. Nach dem Stricken zauberst du aus ein paar Rechtecken diesen putzigen Hund!
Du wirst sehen, dass dir die Bewegungen mit jeder Masche leichter fallen. Und wenn das Hündchen fertig ist, kannst du MEGA stolz auf dich sein!
Entscheide selbst, ob du Spotty einfarbig stricken möchtest oder alle Teile in verschiedenen Farben.

Das brauchst du:

ein Knäuel Baumwollgarn in Koralle
passende Stricknadeln
eine Nadel ohne Spitze
ein wenig Füllwatte
2 schwarze Plastikaugen
ein kleines Stück Filz in Weiß
einen Rest Baumwollgarn in Schwarz

Los geht's mit einem Rechteck für Kopf und Körper

Schlage 25 Maschen an.
1. Reihe: Stricke alle Maschen rechts.
2. Reihe: Stricke alle Maschen rechts.
3. Reihe: Stricke alle Maschen rechts.
4. Reihe: ... immer so weiter, insgesamt 44 Reihen hoch, also, wie ich auf Seite 28 erklärt habe, bis du 22 Rippen gestrickt hast. Beende das Rechteck, indem du die Maschen wie auf Seite 29 beschrieben abkettest.

Stricke 2 Rechtecke für die Beine

Schlage 8 Maschen an.
1. Reihe: Stricke alle Maschen rechts.
2. Reihe: Stricke alle Maschen rechts.
3.–32. Reihe: Stricke in allen Reihen alle Maschen rechts. Bevor du die Arbeit durch das Überziehen der Maschen abkettest, überprüfe noch einmal sorgfältig, dass du insgesamt 32 REIHEN, d. h. 16 Rippen, gestrickt hast. Dann stricke dieses Rechteck noch einmal.

Stricke 2 Rechtecke für die Ohren

Schlage 6 Maschen an.

1. Reihe: Stricke alle Maschen rechts.

2. Reihe: Stricke alle Maschen rechts.

3.–16. Reihe: Stricke in allen Reihen alle Maschen rechts.

Bevor du die Arbeit durch das Überziehen der Maschen abkettest, überprüfe noch einmal sorgfältig, dass du insgesamt **16 REIHEN**, d. h. **8 Rippen**, gestrickt hast. Dann stricke dieses Rechteck **noch einmal**.

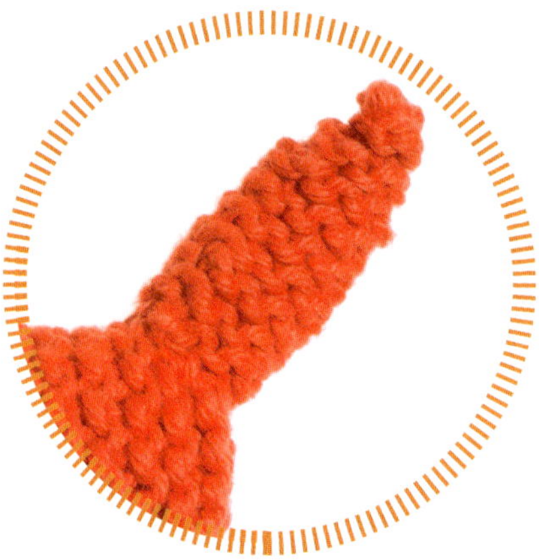

Stricke den Schwanz

Schlage 8 Maschen an.

1. Reihe: Stricke alle Maschen rechts.

2. Reihe: Stricke alle Maschen rechts.

3.–12. Reihe: Stricke in allen Reihen alle Maschen rechts.

13. Reihe: Stricke die ersten 2 Maschen rechts, dann ziehe die 1. Masche der rechten Nadel über die 2. Masche und über die Nadelspitze, so, wie du es beim Abketten machst. Stricke alle übrigen Maschen rechts = 7 Maschen.

Dies ist übrigens schon eine Methode, am Anfang einer Reihe **1 Masche abzunehmen**. Das solltest du aber **NICHT am Ende einer Reihe** machen, sonst bleibt ein kleines Loch zurück!

14. Reihe: Kette 1 Masche ab (= stricke die ersten 2 Maschen rechts und ziehe die 1. Masche der rechten Nadel über die 2. Masche und über die Nadelspitze, wie du es beim Abketten machst) und stricke alle übrigen Maschen rechts = 6 Maschen.

15. Reihe: Kette 1 Masche ab und stricke alle übrigen Maschen rechts = 5 Maschen.

16. Reihe: Kette 1 Masche ab und stricke alle übrigen Maschen rechts = 4 Maschen.
17. Reihe: Kette 1 Masche ab und stricke alle übrigen Maschen rechts = 3 Maschen.
18. Reihe: Kette alle Maschen ab. Dann schneide den Faden ab, fädele das Fadenende durch und ziehe es fest an, wie du es auf Seite 31 gelernt hast.

Nähe alle Teile zusammen

Ausführliche Erklärungen zum Nähen findest du auf Seite 36.
Falte das Rechteck für **Kopf und Körper** der Länge nach zur Hälfte und nähe eine der kurzen Seiten und die lange Seite zusammen. Stülpe die Arbeit von innen nach außen und stopfe sie ein wenig aus. **Aber nicht zu viel**, sonst wird Spotty zu einem Ballon!
Schließe nach dem Ausstopfen die letzte kurze Seite und versuche dabei, sorgfältig und fast unsichtbar zu nähen.
Falte die Rechtecke für die **Beine** quer zur Hälfte und nähe die Seiten zusammen. Du kannst selbst entscheiden, ob du die Beine ausstopfen möchtest oder nicht. Ich habe sie nicht ausgestopft. Dann nähe die Beine an den unteren Teil des Körpers, und zwar mit dem gleichen Abstand wie auf dem Foto.
Falte den **Schwanz** der Länge nach zur Hälfte und schließe die lange Seite. Der Schwanz ist so klein, dass er nicht ausgestopft werden muss. Nähe ihn hinten in der von dir gewünschten Position an den Körper.
Nähe die **Ohren** an den Seiten des Kopfes in der von dir gewünschten Position an.
Schneide aus einem Stück Filz einen kleinen, weißen Kreis aus und stich das **Plastikauge** durch die Mitte. Wenn du kein Auge hast, kannst du einen Knopf annähen oder einen weiteren kleinen Kreis aus schwarzem Filz aufkleben.
Klebe das Auge an der gewünschten Stelle an der Seite des Kopfes auf.
Wiederhole das gleiche auf der anderen Seite für das 2. Auge.
Fädele einen Faden aus schwarzem Garn in eine Nadel und sticke die **Nase** mit langen Stichen an der von dir gewünschten Stelle. Schaue dir dazu auch das Foto an, wenn du etwas Hilfe brauchst.

Großartig!!! Dein kleiner Spotty ist bereit für gemeinsame Abenteuer!

Wie nähe ich das jetzt zusammen?

Mit viel Geduld und Sorgfalt, natürlich!
Diese Anleitung brauchst du für alle Projekte im Buch. Markiere sie dir am besten mit einem Lesezeichen oder einem Haftzettel, damit du sie schnell wiederfindest.

1 Benutze Stecknadeln, um deine Arbeit zusammenzustecken.

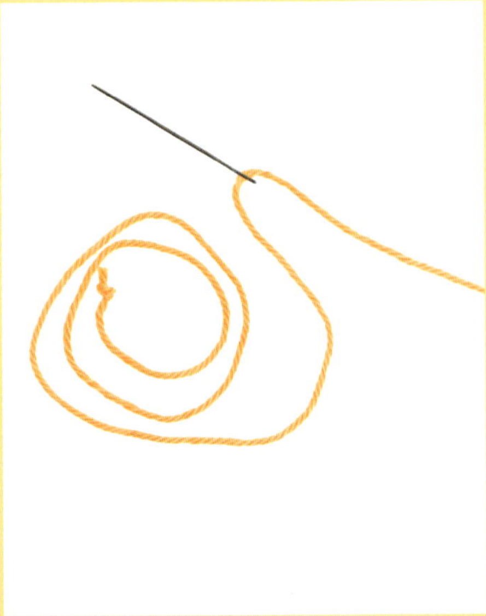

2 Fädele einen Faden in eine Wollnadel und mache einen Knoten an dem langen Ende.

3 Stich mit der Nadel von unten nach oben an der Stelle durch, an der du mit dem Nähen beginnen möchtest, sodass sich der Knoten auf der Rückseite der Arbeit befindet.

4 Nähe kleine Stiche an beiden Seiten der Arbeit, um die beiden Teile zu verbinden.

5 Wenn du mit dem Nähen fertig bist, oder wenn dir das Garn ausgeht, mit dem du nähst, mache ein paar kleine Stiche in dieselbe Masche, um deine Naht zu sichern.

6 Verstecke das Garn im Inneren des Strickstücks, indem du die Nadel durch die Rückseite der Arbeit (oder in die Füllung) führst.

Linke Maschen

Soll ich dir etwas Lustiges verraten?

Wenn du in allen Reihen nur linke Maschen strickst, sieht deine Arbeit genauso aus, als hättest du in allen Reihen nur rechte Maschen gestrickt!
Sowohl auf der Vorderseite als auch auf der Rückseite findet man die gleichen Rippen aus kleinen Wellen.
Sehen wir uns einmal an, wie man linke Maschen strickt.

Schlage 10 Maschen an, wie du es auf Seite 20 gelernt hast.

1 Halte die Stricknadel mit den angeschlagenen Maschen in der linken Hand, die noch leere Nadel in der rechten Hand. Der Faden, der vom Knäuel kommt, liegt vorne. Stich mit der Spitze der rechten Nadel durch die erste Masche der linken Nadel, sodass sie vor der linken Nadel liegt. Schau genau hin: Die linke Nadel liegt nun unten, die rechte Nadel oben.

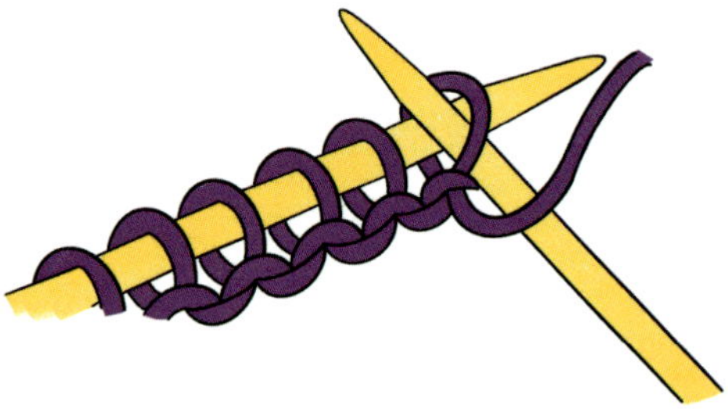

2 Wickle den Faden, der vom Knäuel kommt, um die Spitze der rechten Nadel, wie in der Abbildung gezeigt.

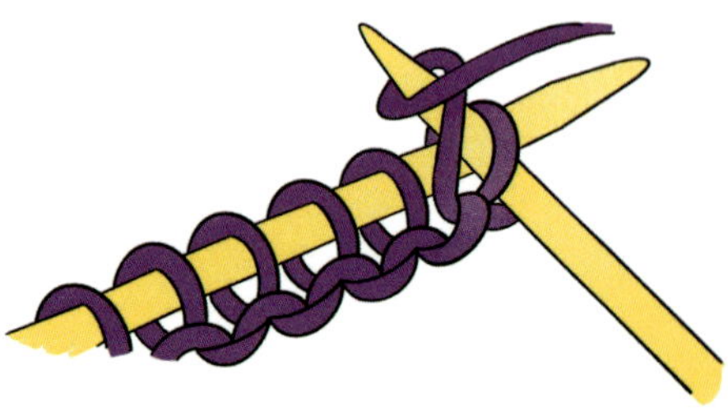

3 ziehe die Spitze der rechten Nadel etwas zurück und ziehe den Faden durch die Masche. Hilf ruhig mit der Fingerspitze etwas mit, wenn nötig.
Pass aber auf, nicht zu stark zu ziehen, sonst rutscht die Nadel aus der Masche!

4 Hebe nun die erste Masche von der linken Nadel herunter und ziehe leicht am Faden.

Herzlichen Glückwunsch,
du hast deine erste linke Masche gestrickt!
Wiederhole nun dasselbe mit allen Maschen, die noch auf der linken Nadel liegen.

5 Wenn alle Maschen, die du auf der linken Nadel hattest, auf der rechten Nadel liegen, hast du die erste Reihe linke Maschen beendet.

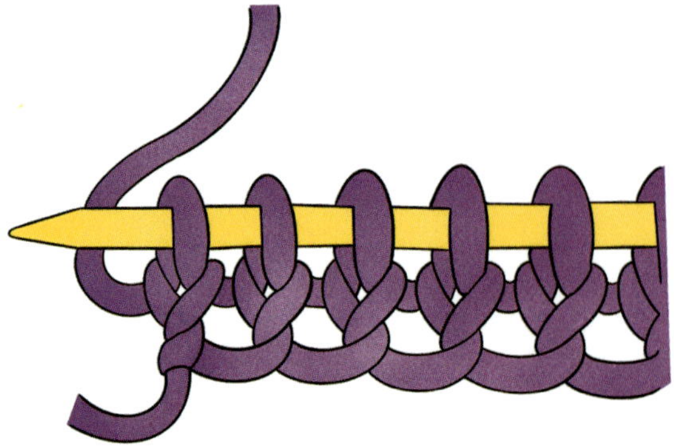

6 Wende die Nadel und beginne die zweite Reihe zu stricken.

Meeeega!!!!

Eine Medaille reicht hier nicht aus, du verdienst eine Trophäe!

Glatt rechts und glatt links

Erinnern wir uns kurz: Bis jetzt hast du die Anfangsschlinge, den Maschenanschlag, das Abketten, rechte und linke Maschen und noch viel mehr gelernt! Kombiniert man rechte Maschen und linke Maschen, lassen sich viele spannende Muster mit unglaublichen Effekten stricken. Das vielleicht wichtigste Muster nennt sich »glatt rechts«!

»Glatt rechts« ist das wohl meistgestrickte Muster überhaupt. Es entsteht, wenn man abwechselnd 1 Reihe rechte Maschen und 1 Reihe linke Maschen strickt.
Die VORDERSEITE ist glatt und besteht aus vielen ineinander geschobenen »V«s.

Die RÜCKSEITE der Arbeit ist dagegen erhaben und etwas strukturierter. Auf ihr entdeckt man viele Reihen aus kleinen Wellen.
Manchmal sagt man auch, auf der Vorderseite tragen die Maschen V-Ausschnitt, auf der Rückseite Rollkragen.

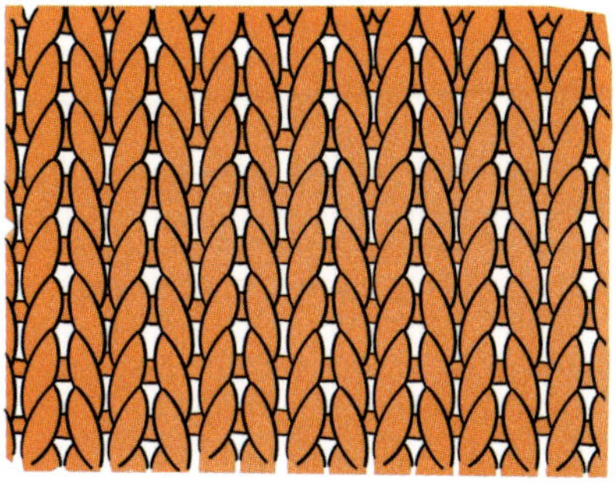

Vorderseite

Rückseite

Stiftfresser-Monster

Das lustigste glatt rechte Projekt aller Zeiten!

Hast Du Lust auf ein lustiges Monster als **Stiftemäppchen**?
Jetzt, wo du mit den Stricknadeln vertraut bist und das Stricken schon ein bisschen beherrschst, kannst du mit diesem immer noch einfachen Projekt weiterüben.

Denke daran, immer abwechselnd 1 Reihe rechte Maschen und 1 Reihe linke Maschen zu stricken!

Los geht's mit dem Stricken

Schlage 15 Maschen an.
1. Reihe: Stricke alle Maschen rechts.
2. Reihe: Stricke alle Maschen links.
3. Reihe: Stricke alle Maschen rechts.
4. Reihe: Stricke alle Maschen links.
5.–120. Reihe: Stricke abwechselnd in einer Reihe alle Maschen rechts und in einer Reihe alle Maschen links.

Bevor du die Maschen abkettest, prüfe erst, ob deine Stifte auch in das Mäppchen hineinpassen! Falte das Rechteck dazu einmal quer zur Hälfte und vergleiche die Länge mit der deiner Stifte.

Wenn Du die Reihen zählen möchtest, die du bereits glatt rechts gestrickt hast, orientiere dich am besten an den »V«s auf der Vorderseite. Jedes »V« entspricht einer gestrickten Reihe.

Das brauchst du:

ein Knäuel Baumwollgarn in Türkis
passende Stricknadeln
eine Nadel ohne Spitze
ein kleines Stück Filz in Weiß
2 Wackelaugen zum Aufkleben in unterschiedlichen Größen

In diesem Fall solltest du auf der Vorderseite insgesamt 120 »V«s übereinander zählen.

Wenn du alle Reihen gestrickt hast und sicher bist, dass das Mäppchen die richtige Länge für deine Stifte hat, kette alle Maschen ab.

Zusammennähen

Falte den Streifen etwa drei Viertel der Länge nach oben um und schließe die langen Seiten, lass dabei die Öffnung für die Stifte frei.

Schneide aus einem kleinen Stück Filz die Zähne aus: Du kannst sie spitz ausschneiden, wie ich es gemacht habe, oder im Zickzack (wie in der Zeichnung auf dieser Seite).

Du kannst aber auch nur einen einzelnen Zahn in der Mitte ankleben oder 2 Zähne an den Seiten. Achte darauf, den Filz auf die Innenseite zu kleben, also auf die Rückseite der Klappe!

Schneide 2 kleine Kreise mit unterschiedlichem Durchmesser aus dem Filz aus und klebe sie auf die Klappe des Mäppchens.
Klebe die beiden Wackelaugen von ebenfalls unterschiedlicher Größe auf. So bekommt dein Monstermäppchen einen noch lustigeren Ausdruck!

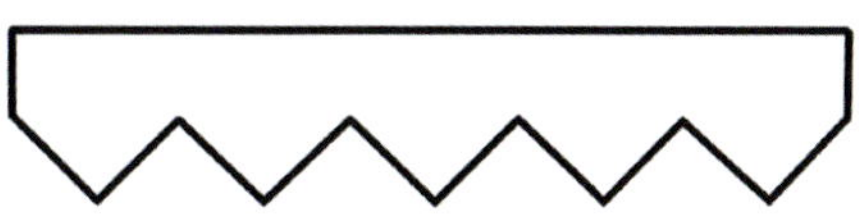

Farben wechseln!

Das Stricken mit Farben macht wirklich Spaß. Ganz leicht lassen sich breite Farbblöcke, Streifen oder Miniringel einstricken. Und wenn man schon richtig gut strickt, entstehen durch den Wechsel von Farben innerhalb einer Reihe auch fantastische Muster oder Schattierungen. Schauen wir uns mal an, wie man das mit dem Wechseln der Farben macht.

1 Schlage einige Maschen an, wie du es auf Seite 20 gelernt hast, und stricke ein paar Reihen. Wenn du das Ende der Reihe erreicht hast, nach der du die Farbe wechseln möchtest, schneide den Faden ab, sodass noch ein ca. 30 cm langes Fadenstück übrig bleibt.

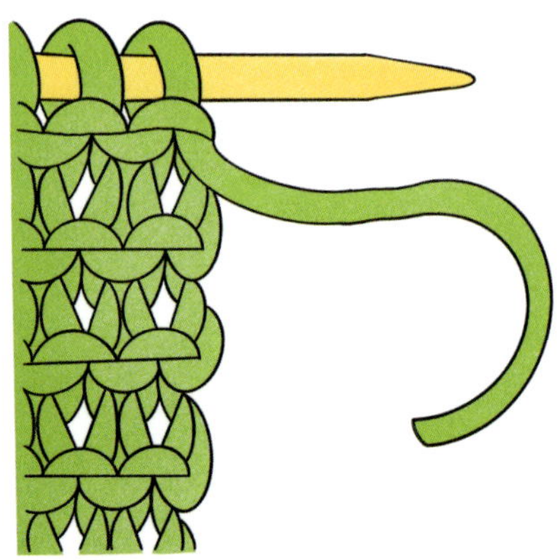

2 Nimm den Faden der neuen Farbe und verknote ihn mit dem Fadenende der alten Farbe, und zwar so nahe wie möglich an der letzten Masche, die du gestrickt hast.
Nun kannst du mit der neuen Farbe weiterstricken.

3 Wenn du viele farbige Streifen stricken möchtest, wiederhole diesen Vorgang einfach so oft du magst! Immer, wenn du die Farben wechselst, bleiben am Ende der Reihe 2 lange Fadenenden hängen, eins in der alten Farbe und eins in der neuen Farbe.

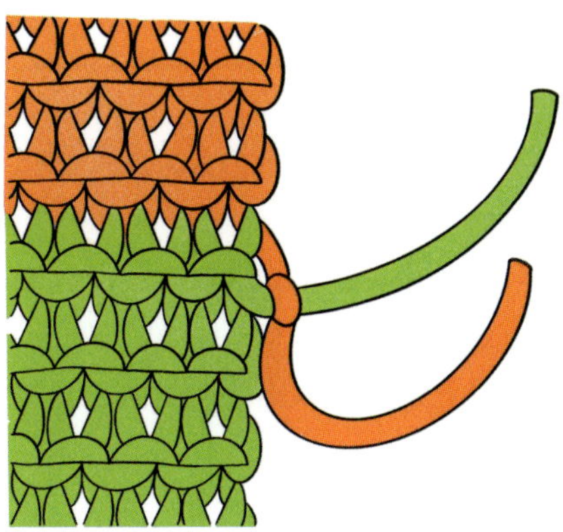

Um das Fadenchaos zu bändigen, fädele nacheinander jedes Fadenende in eine Wollnadel (ohne Spitze) und nähe damit durch die Maschen auf der Rückseite deiner Arbeit.

Gestreifte Tagebuchhülle

Arbeite mit bunten Garnresten!

Wie wäre es, dein Tagebuch mit einem schönen Umschlag in ein echtes Unikat zu verwandeln? Dann stricke dir diese Tagebuchhülle!
Bevor du mit der Arbeit beginnst, miss dein Tagebuch sorgfältig aus. Du brauchst die Gesamtlänge von vorderem und hinterem Buchdeckel, wenn das Tagebuch aufgeschlagen vor dir liegt, sowie die Höhe.
Addiere noch 4 cm zur Gesamtlänge – 2 cm auf jeder Seite – für die Laschen dazu, in die du später die Buchdeckel hineinschiebst.
Die von mir vorgeschlagene Maschenzahl passt, wenn du mit einem mittelstarken Baumwollgarn und mit Nadelstärke 4 mm strickst, für ein Tagebuch mit einer Höhe von 17 cm und einer Breite von 12 cm.

Das brauchst du:

2 Knäuel eines Baumwollgarns in Grün
Garnreste in Türkis, Hellblau, Hellrosa und Dunkelrosa
passende Stricknadeln
ein paar Stecknadeln
eine Nadel ohne Spitze
einen schönen Aufnäher (oder bunte Knöpfe, Strasssteine, Perlen, Pailletten, Anhänger)

Los geht es

mit einem Rechteck, dessen Seiten wir später umschlagen und für die Laschen annähen.

Schlage 45 Maschen mit dem grünen Garn an.

1. Reihe: Stricke alle Maschen rechts.

2. Reihe: Stricke alle Maschen links.

3. Reihe: Stricke alle Maschen rechts.

4. Reihe: Stricke alle Maschen links.

5.–19. Reihe: Stricke abwechselnd in einer Reihe alle Maschen rechts und in einer Reihe alle Maschen links.

Wechsele die Farbe, wie es auf Seite 47 beschrieben ist, und stricke mit Türkis weiter. Achte bei jedem Farbwechsel darauf, ob die Maschen in der nächsten Reihe rechts (»V«) oder links (Wellen) gestrickt werden!

20.–26. Reihe: Stricke abwechselnd in einer Reihe alle Maschen rechts und in einer Reihe alle Maschen links.

Wechsele die Farbe und stricke mit Hellblau weiter.

27.–31. Reihe: Stricke abwechselnd in einer Reihe alle Maschen rechts und in einer Reihe alle Maschen links.

Wechsele die Farbe und stricke mit Grün weiter.

32.–53. Reihe: Stricke abwechselnd in einer Reihe alle Maschen rechts und in einer Reihe alle Maschen links.

Wechsele die Farbe und stricke mit Hellblau weiter.

54.–57. Reihe: Stricke abwechselnd in einer Reihe alle Maschen rechts und in einer Reihe alle Maschen links.

Wechsele die Farbe und stricke mit Hellrosa weiter.

58.–63. Reihe: Stricke abwechselnd in einer Reihe alle Maschen rechts und in einer Reihe alle Maschen links.

Wechsele die Farbe und stricke mit Dunkelrosa weiter.

64.–67. Reihe: Stricke abwechselnd in einer Reihe alle Maschen rechts und in einer Reihe alle Maschen links.

Wechsele die Farbe und stricke mit Hellrosa weiter.

68.–73. Reihe: Stricke abwechselnd in einer Reihe alle Maschen rechts und in einer Reihe alle Maschen links.

Wechsele die Farbe und stricke mit Hellblau weiter.

74.–79. Reihe: Stricke abwechselnd in einer Reihe alle Maschen rechts und in einer Reihe alle Maschen links.

Wechsele die Farbe und stricke mit Grün weiter.

80.–91. Reihe: Stricke abwechselnd in einer Reihe alle Maschen rechts und in einer Reihe alle Maschen links.

Wenn du alle Reihen gestrickt hast, kette die Maschen ab. Dann schneide den Faden ab, lass das Fadenende aber lang genug, um die Laschen damit zu schließen.

Achte darauf, dass das Buch gut passt, bevor du die Laschen umschlägst und die schmalen Seiten zunähst!

Wenn der Einband zu lang ist, kannst du ihn z. B. verkürzen, indem du breitere Laschen umschlägst!

Zusammennähen

Bevor du die Laschen umnähen kannst, in die später die Buchdeckel eingesteckt werden, müssen erst alle losen Fadenenden auf der Rückseite der Arbeit vernäht werden, indem du sie durch die Maschen nähst.
Schlage dann die beiden Seiten (die Reihe mit den angeschlagenen Maschen und die Reihe mit den abgeketteten Maschen) etwa 2 cm nach innen um, sodass sich die Laschen bilden. Fixiere sie mit ein paar Stecknadeln.

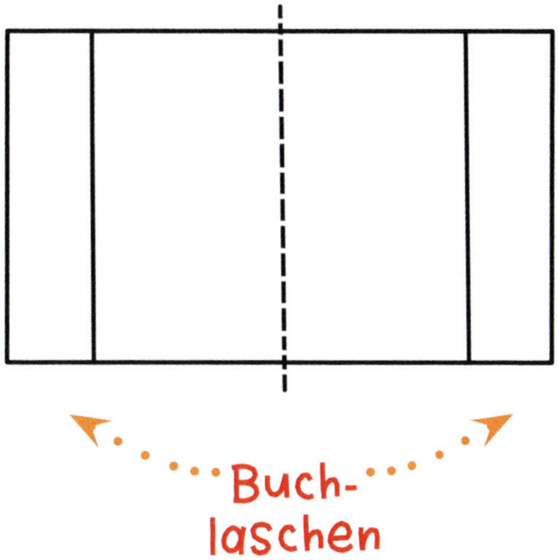

Achte gut darauf, dich nicht zu stechen! Schließe dann die obere und die untere Kante beider Laschen.

Die Skizze zeigt dir, wie die Laschen entstehen.

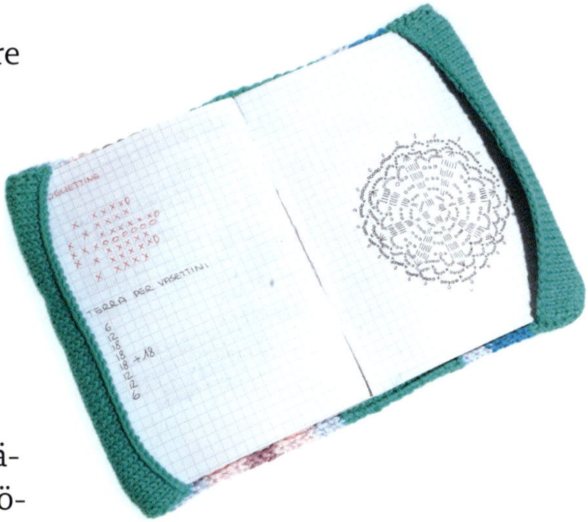

Jetzt kannst du deiner Fantasie freien Lauf lassen und die Vorderseite des Einbands mit Aufnähern oder Bügelmotiven verschönern. Ob du dich für Einhörner, Teddybären, Roboter, Autos, Giraffen und Dinosaurier entscheidest, oder stattdessen lieber bunte Knöpfe oder glänzende Strasssteine aufnähst, bleibt ganz dir überlassen!

Wenn du den Einband noch persönlicher gestalten möchtest, zeichne deine Initialen auf ein Stück Filz, schneide sie aus und klebe sie mit Vinylkleber auf.

Breiter oder schmaler werden?

Durch Zunahmen werden Maschen in einer Reihe hinzugefügt, dadurch wird die Arbeit breiter. Mit Abnahmen werden dagegen Maschen aus einer Reihe entfernt und die Arbeit wird dadurch schmaler.

Bisher waren bei deinen Projekten beide Seiten parallel, also quadratisch oder rechteckig. Aber wenn du erst einmal weißt, wie man Maschen zunimmt und abnimmt, kannst du jede beliebige Form stricken.

Abnehmen

1 Die einfachste Art einer Abnahme ist es, zwei Maschen deiner Arbeit zusammenzustricken.
Um das zu üben, stich mit der rechten Nadel gleichzeitig durch die ersten BEIDEN Maschen der linken Nadel.

2 Stricke dann beide Maschen so, als wären sie eine Masche.

Zählst du jetzt die Maschen auf der Nadel, wirst du feststellen, dass du eine Masche weniger hast als vorher.

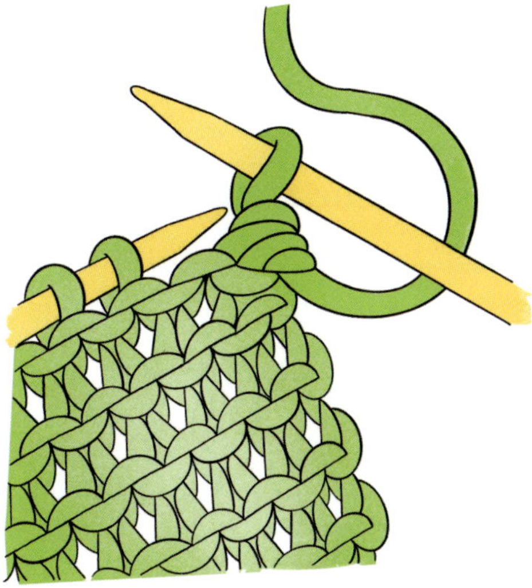

Ziel erreicht, aber noch keine Abnahme-Medaille, denn das ist zu einfach!

Zunehmen

1 Um eine Masche zuzunehmen, stricke die gleiche Masche zweimal.
Übe es einige Male, aus der ersten Masche der linken Nadel eine Masche zuzunehmen.
Stricke die erste Masche zunächst wie gewohnt, aber hebe sie nicht von der linken Nadel.

2 Stich mit der rechten Nadel noch einmal **von hinten** in die gleiche Masche ein.

3 Stricke **auch aus dieser Position eine Masche**. Auf diese Weise hast du dieselbe Masche zweimal gestrickt.

4 Hebe jetzt erst die Masche von der linken Nadel ab. Zählst du nun die Maschen auf der Nadel, wirst du feststellen, dass du eine Masche mehr hast als vorher.

Juhuu – eine Medaille!

Die hast du dir wirklich verdient, denn zum ersten Mal eine Zunahme zu stricken, ist wirklich schwer!

Wimpelkette

Zu- und abnehmen und zu- und abnehmen – so entsteht eine bunte Wimpelkette und die Party kann beginnen!

Nimm zu und ab und feiere dich dafür!

Los geht's mit dem Stricken

Schlage 2 Maschen mit dem blauen Garn an, lass dabei das Fadenende ca. 30 cm lang, um die Wimpel damit später zusammenzunähen.

1. Reihe: Stricke alle Maschen rechts.
2. Reihe: Stricke 1 Masche rechts und nimm an der letzten Masche 1 Masche zu.
3. Reihe: Stricke alle Maschen rechts.
4. Reihe: Stricke 2 Maschen rechts und nimm an der letzten Masche 1 Masche zu.
5. Reihe: Stricke alle Maschen rechts.
6. Reihe: Stricke 3 Maschen rechts und nimm an der letzten Masche 1 Masche zu.
7. Reihe: Stricke alle Maschen rechts.

Das brauchst du:

je ein Knäuel mittelstarkes Baumwollgarn in Hellblau, Grün, Hellrosa, Pink und Gelb
passende Stricknadeln
eine Nadel ohne Spitze
ein paar bunte Perlen

8. Reihe: Stricke 4 Maschen rechts und nimm an der letzten Masche 1 Masche zu.

9. Reihe: Stricke alle Maschen rechts.

10. Reihe: Stricke 5 Maschen rechts und nimm an der letzten Masche 1 Masche zu.

11. Reihe: Stricke alle Maschen rechts.

12. Reihe: Stricke 6 Maschen rechts und nimm an der letzten Masche 1 Masche zu.

13. Reihe: Stricke alle Maschen rechts.

14. Reihe: Stricke 7 Maschen rechts und nimm an der letzten Masche 1 Masche zu.

15. Reihe: Stricke alle Maschen rechts.

16. Reihe: Stricke 8 Maschen rechts und nimm an der letzten Masche 1 Masche zu.

17. Reihe: Stricke alle Maschen rechts.

18. Reihe: Stricke 9 Maschen rechts und nimm an der letzten Masche 1 Masche zu.

19. Reihe: Stricke alle Maschen rechts.

20. Reihe: Stricke 10 Maschen rechts und nimm an der letzten Masche 1 Masche zu.

21. Reihe: Stricke alle Maschen rechts.

22. Reihe: Stricke 11 Maschen rechts und nimm an der letzten Masche 1 Masche zu.

23. Reihe: Stricke alle Maschen rechts.

24. Reihe: Stricke 12 Maschen rechts und nimm an der letzten Masche 1 Masche zu.

25. Reihe: Stricke alle Maschen rechts.
26. Reihe: Stricke 13 Maschen rechts und nimm an der letzten Masche 1 Masche zu.
27. Reihe: Stricke alle Maschen rechts.

Dies war die letzte Reihe, in der Zunahmen gearbeitet wurden. Du solltest nun **insgesamt 15 Maschen** auf der Nadel haben. Jetzt beginnen die Reihen mit den Abnahmen:

28. Reihe: Stricke 13 Maschen rechts, dann nimm 1 Masche ab, indem du die letzten 2 Maschen zusammenstrickst.
29. Reihe: Stricke alle Maschen rechts.
30. Reihe: Stricke 12 Maschen rechts, dann nimm 1 Masche ab, indem du die letzten 2 Maschen zusammenstrickst.
31. Reihe: Stricke alle Maschen rechts.
32. Reihe: Stricke 11 Maschen rechts, dann nimm 1 Masche ab, indem du die letzten 2 Maschen zusammenstrickst.
33. Reihe: Stricke alle Maschen rechts.
34. Reihe: Stricke 10 Maschen rechts, dann nimm 1 Masche ab, indem du die letzten 2 Maschen zusammenstrickst.
35. Reihe: Stricke alle Maschen rechts.
36. Reihe: Stricke 9 Maschen rechts, dann nimm 1 Masche ab, indem du die letzten 2 Maschen zusammenstrickst.
37. Reihe: Stricke alle Maschen rechts.
38. Reihe: Stricke 8 Maschen rechts, dann nimm 1 Masche ab, indem du die letzten 2 Maschen zusammenstrickst.
39. Reihe: Stricke alle Maschen rechts.
40. Reihe: Stricke 7 Maschen rechts, dann nimm 1 Masche ab, indem du die letzten 2 Maschen zusammenstrickst.
41. Reihe: Stricke alle Maschen rechts.
42. Reihe: Stricke 6 Maschen rechts, dann nimm 1 Masche ab, indem du die letzten 2 Maschen zusammenstrickst.
43. Reihe: Stricke alle Maschen rechts.
44. Reihe: Stricke 5 Maschen rechts, dann nimm 1 Masche ab, indem du die letzten 2 Maschen zusammenstrickst.
45. Reihe: Stricke alle Maschen rechts.
46. Reihe: Stricke 4 Maschen rechts, dann nimm 1 Masche ab, indem du die letzten 2 Maschen zusammenstrickst.

47. Reihe: Stricke alle Maschen rechts.
48. Reihe: Stricke 3 Maschen rechts, dann nimm 1 Masche ab, indem du die letzten 2 Maschen zusammenstrickst.
49. Reihe: Stricke alle Maschen rechts.
50. Reihe: Stricke 2 Maschen rechts, dann nimm 1 Masche ab, indem du die letzten 2 Maschen zusammenstrickst.
51. Reihe: Stricke alle Maschen rechts.
52. Reihe: Stricke 1 Masche rechts, dann nimm 1 Masche ab, indem du die letzten 2 Maschen zusammenstrickst.
53. Reihe: Stricke alle Maschen rechts.

Beende die Arbeit, indem du die letzten beiden Maschen abkettest.

Prima, du hast den ersten Wimpel fertiggestellt! Stricke nun **4 weitere Wimpel** nach der gleichen Anleitung, aber jeden in einer anderen Farbe!

Wenn alle Wimpel fertig sind, nähe sie mit den Fadenenden zusammen.
Schneide den Faden aber noch NICHT ab, wenn die Fähnchen zusammengenäht sind! Fädele erst noch einige bunte Perlen durch die Fäden und verknote sie.

Du kannst auch einige bunte Perlen an die Fahnenspitzen nähen. Fädele dazu einen Faden in der Farbe des Fähnchens, an dem die Perle angenäht werden soll, in eine Nadel, stich von hinten durch die Spitze des Fähnchens und befestige das Fadenende mit einem Knoten. Fädele die Perlen auf und befestige sie mit einem Knoten am Ende des Fadens.

Jetzt kann die Party beginnen!

Ups, da ist was schiefgegangen!

Ach, selbst die besten Strickprofis vermasseln mal etwas. Früher oder später geht bei jedem etwas schief.
Schauen wir mal, was beim Stricken alles passieren kann.

Die Maschen sind zu fest

Wenn du feststellst, dass du Schwierigkeiten hast zu stricken und du die Nadeln nicht leicht in die Maschen bekommst, benutzt du wahrscheinlich Nadeln, die im Verhältnis zur Stärke des Garns zu dünn sind. Beginne die Arbeit noch einmal mit dickeren Nadeln!

Die Maschen sind zu locker

Wenn du große Löcher in deiner Arbeit siehst und vielleicht sogar einen Finger hindurchstecken kannst, sind deine Nadeln im Verhältnis zur Stärke des Garns wahrscheinlich zu dick. Beginne die Arbeit noch einmal mit dünneren Nadeln!

Kein Faden mehr

Du warst so mit deiner Arbeit beschäftigt, dass du nicht bemerkt hast, dass der Faden ausgegangen ist.
Keine Sorge! Lies noch einmal die Anleitung auf Seite 46, wie du die Farbe wechseln kannst, und wechsele auf die gleiche Weise den Faden zu einem neuen Knäuel. Um Knoten in deiner Arbeit zu vermeiden, solltest du den Faden möglichst zu Beginn einer Reihe wechseln.

Löcher

Beim Stricken passiert es leicht, dass hier und da mal ein paar Maschen von der Nadel herunterrutschen. Man bemerkt das auf zwei Arten:

1 Man kann die Löcher sehen und mit dem Finger hindurchfahren!

2 Unter der heruntergefallenen Masche befindet sich ein Streifen langer, weicher Fäden – eine Laufmasche!

Keine Sorge, wir fangen alle Maschen wieder ein.

1 Um eine Masche wieder auf die Nadel zu heben, strickst du alle Maschen bis zu der Masche, die herunterfallen ist. Dann stichst du mit einer Häkelnadel in die heruntergefallene Masche, nimmst den ersten weichen Faden hinter der Masche auf die Häkelnadel und ziehst ihn durch die Masche. Diese Masche wurde gerettet und ist fertig.

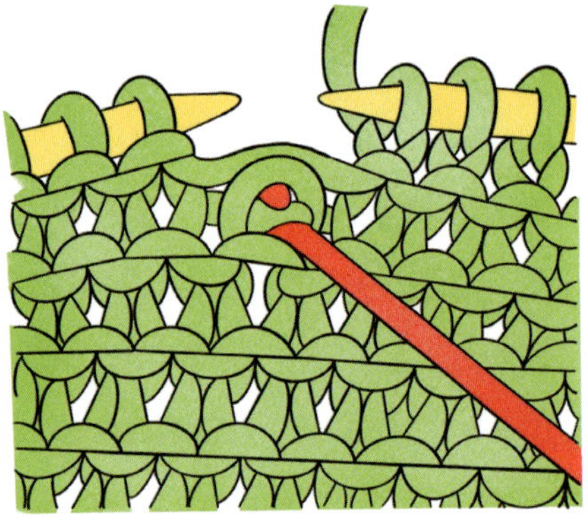

2 Wiederhole den Vorgang, wenn sich über der heruntergefallenen Masche weitere Reihen mit weichen Fäden befinden.

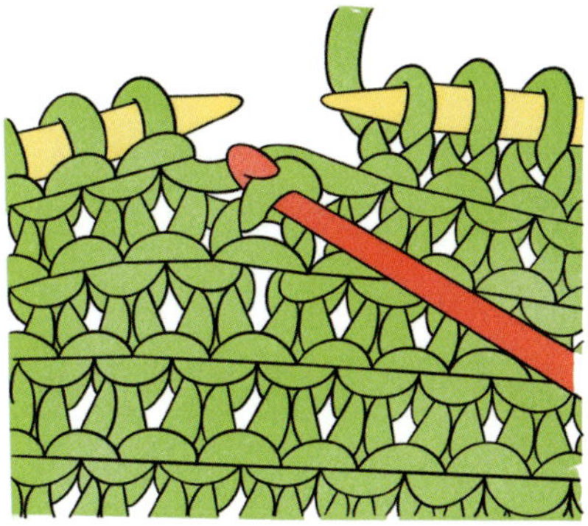

3 Nachdem du den letzten Fadenstreifen durch die Masche gezogen hast, hebe die Masche auf die linke Nadel und arbeite weiter, als ob nichts geschehen wäre!
Um sicherzugehen, dass alle Maschen auf der Nadel liegen und nicht noch ein anderer Ausreißer beschlossen hat, es mal zu versuchen, zähle die Maschen am besten einmal!

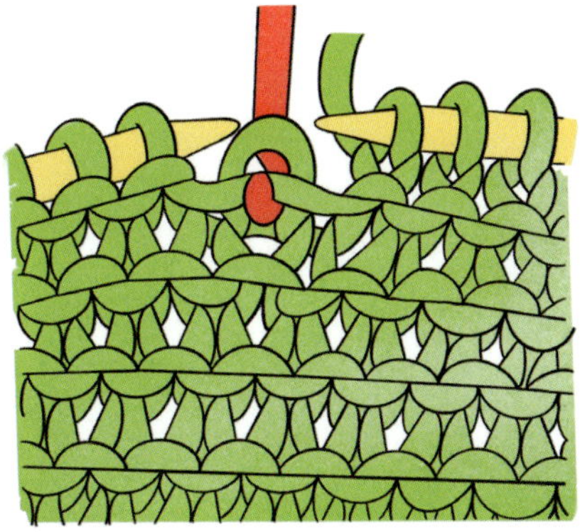

Ich habe den Überblick verloren

Wenn du an einem großen Projekt arbeitest, kann es leicht passieren, dass du den Überblick darüber verlierst, wie **viele Reihen** du schon gestrickt hast und wie viele noch zu stricken sind.
Damit das erst gar nicht passiert, kannst du dir einfach jedes Mal, wenn du eine Reihe fertig hast, mit einem Bleistift in deiner Anleitung ein X neben die Ziffer der Reihe machen, die du gerade gestrickt hast. So weißt du immer ganz genau, wo du dich gerade befindest.

Falls du trotzdem einmal den Überblick verlierst, was leider manchmal vorkommt, kannst du auf der Vorderseite der Arbeit die **»V«s übereinander zählen**, wenn du glatt rechts strickst (1 V = 1 Reihe). Und wenn du kraus rechts oder kraus links strickst, **zählst du die Anzahl an Rippen** (erinnere dich: 1 Rippe = 2 Reihen).
Und schon weißt du wieder, wie viele Reihen du bereits gestrickt hast!

Wie stricke ich absichtlich ein Loch?

Wähle zunächst die Stelle, an der du das Loch einstricken möchtest. Löcher werden IMMER auf der Vorderseite der Arbeit gestrickt. Während du also beim Stricken auf die Vorderseite deiner Arbeit schaust, arbeitest du alle Maschen bis zu der Position, an der das Loch entstehen soll. Nehmen wir an, du möchtest an dieser Stelle z. B. ein Knopfloch stricken.

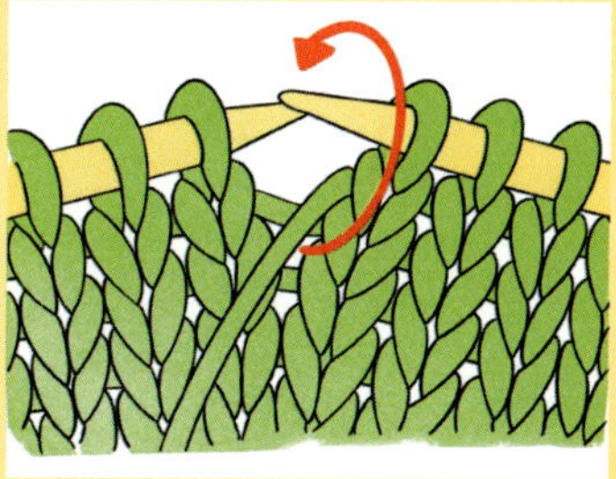

1 Lege einen Umschlag über die rechte Nadel, d.h. führe den Faden wie abgebildet von vorne nach hinten um die Spitze der rechten Nadel.

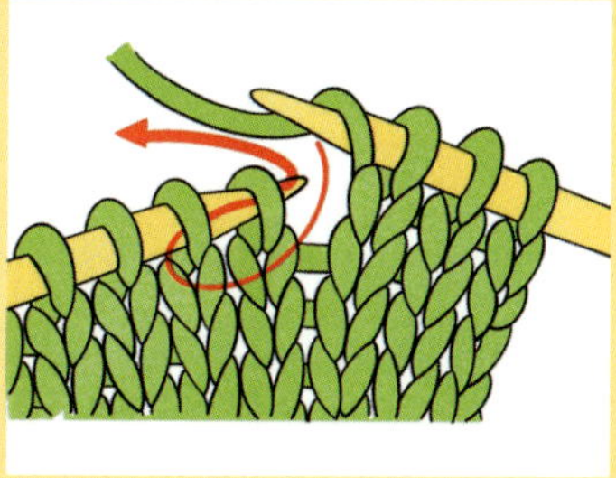

2 Stricke die nächsten beiden Maschen wie bei einer Abnahme zusammen, dann stricke bis zum Ende der Nadel oder bis zu der Stelle, an der das nächste Knopfloch entstehen soll.

3 In der nächsten Reihe (du schaust dann auf die Rückseite der Arbeit) strickst du den Umschlag, den du eben gemacht hast, wie eine normale Masche. Dadurch entsteht ein kleines gestricktes Loch.

Randmaschen und perfekte Ränder

Noch ein Begriff, den du kennen solltest! Aber was genau ist eine RANDMASCHE?

Randmaschen beziehen sich auf die Ränder deines Strickstücks. Wir sprechen also über die erste und die letzte Masche einer Reihe an beiden Seiten deiner Arbeit.

Die ersten Projekte, die du gestrickt hast, dienten dazu, Maschen zu üben und deine Hände an die Bewegungen beim Stricken zu gewöhnen, die sie vorher noch nie gemacht hatten.

Nachdem du nun sogar schon gelernt hast, rechte und linke Maschen zu stricken, verrate ich dir einen Trick, wie du PERFEKTE RÄNDER strickst!

Du kannst diese Technik anwenden, wenn du vielleicht eines deiner Strickstücke verschenken möchtest, denn jedes gut gemachte Strickstück braucht perfekte Ränder!

Entscheide selbst, ob und wann du diesen Trick anwenden möchtest!
Also, Stricknadeln in die Hand, und los geht‘s!

Um Randmaschen zu stricken, wiederhole diese 3 Schritte in jeder Reihe:

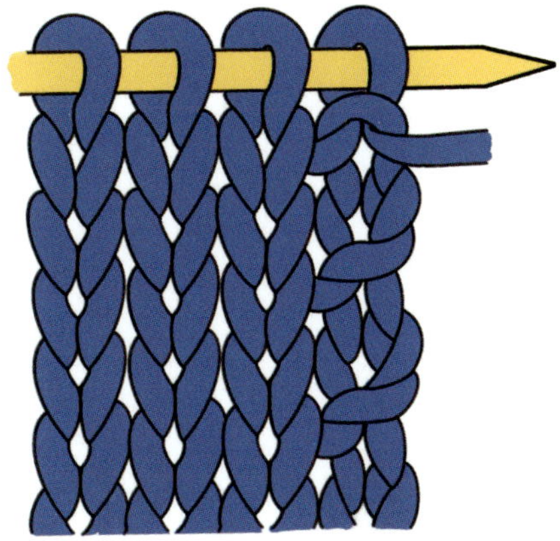

1 Die erste Masche jeder Reihe hebst du ab. Halte den Faden dazu hinten und stich in die erste Masche ein, als wolltest du sie links stricken (aber der Faden ist hinten!), stricke sie aber nicht, sondern hebe sie einfach auf die rechte Nadel.

2 Stricke die nächsten Maschen in dem Muster, das du dir ausgesucht hast, oder nach der Anleitung.

3 Halte vor der letzten Masche an und stricke die letzte Masche in jeder Reihe IMMER RECHTS.

Dies wiederholst du bis zum Ende der Arbeit, egal welche Maschen oder Muster du zwischen den Randmaschen strickst.

Wenn deine Arbeit fertig ist und alle Maschen abgekettet sind, wirst du einen richtig schönen Rand haben, der durch eine Reihe von kleinen Perlen verziert ist.

Schau dir diese Randmaschen einmal genau an. Zwischen jeder Masche ist genügend Platz für die Nadel, wenn du die Nähte an den Strickrändern schließen möchtest. Du musst mit der Nadel nur zwischen den Perlen hindurchstechen, damit die Naht praktisch unsichtbar wird. Fantastisch, oder?

Für die

Wenn du alle Projekte auf den vorhergehenden Seiten nachgestrickt hast und rechte und linke Maschen beherrschst, kannst du dich bereits als Strickprofi betrachten.

Denn aus den beiden Grundmaschen, die du gelernt hast, ergeben sich viele fantastische Muster.
Jetzt kannst du dich der Herausforderung stellen und Modelle nach Strickanleitungen in Angriff nehmen.

Strick-profis

Und nun zeige allen, was du kannst! Sei ein selbstbewusster Strickchampion! Nutze deine Kreativität, um eigene Ideen zu entwickeln und daraus schöne Dinge zu machen. Verwandele gestrickte Rechtecke in kleine Tiere oder magische Kreaturen und gestalte einzigartige und ganz persönliche Geburtstagsgeschenke für deine Freunde! Ich bin mir sicher, dass dich deine Fantasie weit bringen wird.

Viel Spaß dabei!

Das magische Schweinchen

Wie sich ein Schweinchen in einen Bären verwandelt!

Aus ein paar kraus rechts gestrickten Rechtecken entsteht durch ein bisschen Nähen und Ausstopfen dieses verrückte kleine Schweinchen, welches äußerst wandelbar ist! Denn am Ende der Anleitung gebe ich dir Tipps, wie du es ganz einfach in einen Teddybären oder ein Häschen abändern kannst, indem du die Farbe und nur wenig anderes änderst.

Inzwischen weißt du, dass das Muster »kraus rechts« heißt, wenn du in jeder Reihe rechte Maschen strickst, darum werde ich es in den nächsten Reihenbeschreibungen auch immer so nennen.

Los geht's mit dem Stricken von Kopf und Körper

Schlage 25 Maschen in Rosa an.
1. Reihe: Stricke alle Maschen kraus rechts.
2. Reihe: Stricke alle Maschen kraus rechts.
3.–40. Reihe: Stricke alle Maschen in allen Reihen kraus rechts.

Prüfe vor dem Abketten, ob du insgesamt 40 Reihen, d. h. 20 Rippen, gestrickt hast.

Das brauchst du:

mittelstarkes Baumwollgarn in Hellrosa und Dunkelrosa
passende Stricknadeln
eine Nadel ohne Spitze
ein wenig Füllwatte
2 schwarze Plastikaugen
je ein kleines Stück Filz in Weiß und Rosa
eine schwarze Nadel

Stricke 2 Rechtecke für die Beine

Schlage 6 Maschen in Dunkelrosa an.
1. Reihe: Stricke alle Maschen kraus rechts.
2. Reihe: Stricke alle Maschen kraus rechts.
3.–18. Reihe: Stricke alle Maschen kraus rechts.

Prüfe vor dem Abketten, ob du insgesamt 18 Reihen, d. h. 9 Rippen, gestrickt hast.
Dann stricke dieses Rechteck noch einmal.

Stricke 2 Rechtecke für die Arme

Schlage 10 Maschen in Dunkelrosa an.
1. Reihe: Stricke alle Maschen kraus rechts.
2. Reihe: Stricke alle Maschen kraus rechts.
3.–4. Reihe: Stricke alle Maschen beider Reihen kraus rechts.

Prüfe vor dem Abketten, ob du insgesamt 4 Reihen, d. h. 2 Rippen, gestrickt hast.
Dann stricke dieses Rechteck noch einmal.

Stricke 2 Dreiecke für die Ohren

Schlage 8 Maschen in Dunkelrosa an.
1. Reihe: Stricke alle Maschen kraus rechts.
2. Reihe: Stricke alle Maschen kraus rechts.
3.–6. Reihe: Stricke alle Maschen in allen Reihen kraus rechts.
7. Reihe: Stricke die ersten 2 Maschen rechts und ziehe die 1. Masche der rechten Nadel über die 2. Masche und über die Nadelspitze, so, wie du es beim Abketten machst. Stricke alle übrigen Maschen rechts = 7 Maschen.

8. Reihe: Stricke die ersten 2 Maschen rechts und ziehe die 1. Masche der rechten Nadel über die 2. Masche und über die Nadelspitze. Stricke alle übrigen Maschen rechts = 6 Maschen.
9. Reihe: Stricke die ersten 2 Maschen rechts und ziehe die 1. Masche der rechten Nadel über die 2. Masche und über die Nadelspitze. Stricke alle übrigen Maschen rechts = 5 Maschen.
10. Reihe: Stricke die ersten 2 Maschen rechts und ziehe die 1. Masche der rechten Nadel über die 2. Masche und über die Nadelspitze. Stricke alle übrigen Maschen rechts = 4 Maschen.
11. Reihe: Stricke die ersten 2 Maschen rechts und ziehe die 1. Masche der rechten Nadel über die 2. Masche und über die Nadelspitze. Stricke alle übrigen Maschen rechts = 3 Maschen.
12. Reihe: Stricke die ersten 2 Maschen rechts und ziehe die 1. Masche der rechten Nadel über die 2. Masche und über die Nadelspitze. Stricke alle übrigen Maschen rechts = 2 Maschen.
13. Reihe: Stricke die ersten 2 Maschen rechts und ziehe die 1. Masche der rechten Nadel über die 2. Masche und über die Nadelspitze = 1 Masche.
14. Reihe: Schneide den Faden ab, fädele ihn durch die letzte Masche und ziehe ihn fest.

Dann stricke dieses Dreieck **noch einmal**.

Nähe alle Teile zusammen

Falte das Rechteck für **KOPF und KÖRPER** zur Hälfte und schließe die lange Seite und eine der kurzen Seiten. Stülpe die Arbeit von innen nach außen und stopfe sie ein wenig, aber nicht zu viel, sonst wird das Schweinchen zu einem rosa Ballon! Nach dem Ausstopfen schließt du die letzte kurze Seite sehr sorgfältig, sodass die Stiche kaum sichtbar sind.

Falte beide **OHREN** so, dass sich die Ecken der 1. Reihe, die du gestrickt hast, berühren, und nähe die Ohren an den Seiten des Kopfes an.

Falte die **ARME** längs zur Hälfte und nähe die langen Seiten zusammen. Dann nähe die Arme an den Seiten des Körpers an.

Und dasselbe bei den **BEINEN**: Falte beide Rechtecke jeweils längs zur Hälfte und nähe die beiden langen Seiten zusammen. Dann nähe die Beine so an den Körper, wie es dir gefällt.

Schneide aus dem weißen Filz 2 Kreise für die AUGEN aus und klebe jeweils in die Mitte ein Plastikauge auf. Wenn du keine Augen hast, kannst du stattdessen einen Knopf annähen oder einen weiteren kleineren Kreis aus schwarzem Filz aufkleben. Das Schweinchen bekommt einen witzigeren Ausdruck, wenn die Augen unterschiedlich groß sind. Das sieht wirklich komisch aus!
Schneide aus dem rosa Filz für die NASE ein kleines Oval aus und sticke in die Mitte der Nase mit einem Faden in Dunkelrosa, also der Farbe, die du auch zum Stricken der Ohren verwendet hast, 2 kleine Punkte auf. Dann klebe die Nase unter den Augen fest.

Vollende dein Meisterwerk, indem du dem Schweinchen hübsche rosa Wangen aufmalst.
Nimm dazu einen Pinsel und etwas rosa Schminke, also Rouge oder Lidschatten, deiner Mutter. Bevor du die Farbe aufträgst, schütte etwas Farbe auf ein Papiertuch und färbe die Wangen des Schweinchens damit ganz vorsichtig und nur nach und nach ein. Wenn du zu viel Farbe auf einmal aufträgst, ist es fast unmöglich, sie wieder zu entfernen!

Aus dem wandelbaren Schweinchen wird ein BÄR, wenn du in der 10. Reihe der Ohren die vier letzten Maschen bereits auf einmal abkettest. So bekommen die Ohren eine andere Form.
Schneide 2 braune Filzkreise von gleicher Größe für die Augen aus und klebe die Plastikaugen darauf. Dann schneide einen etwas größeren braunen Filzkreis aus, sticke mit schwarzer Baumwolle ein »Y« darauf und klebe ihn unter die Augen.

Wenn du das Schweinchen in einen HASEN verwandeln möchtest, stricke für die Ohren noch 8 Reihen (= 4 Rippen) mehr, bevor du mit den Abnahmen beginnst. Schneide einen Kreis aus weißem Filz aus, sticke ein »Y« mit rosa Baumwolle auf und klebe ihn unter die Augen.

Das war's schon! Oink Oink!

Eule Tschiep Tschiep

Mit einem Bändchen wird deine Eule zur Weihnachtsdeko.

Jetzt stricken wir eine hübsche bunte Eule mit großen Augen. Ich weiß, ich weiß, sie macht nicht »tschiep, tschiep«, aber weißt du, wie sich Eulen anhören? Sie quieken! Genau wie kleine Mäuse.

Das brauchst du:

Baumwollgarn in Gelb und Hellgrün
passende Stricknadeln
eine Nadel ohne Spitze
ein wenig Füllwatte
2 schwarze Plastikaugen
Filz in Weiß, Türkis und Rot

Los geht's mit dem Stricken von KOPF und KÖRPER

Schlage 15 Maschen in Gelb an.

1. Reihe: Stricke alle Maschen kraus rechts.

2. Reihe: Stricke alle Maschen kraus rechts.

3.–12. Reihe: Stricke die Maschen in allen Reihen kraus rechts.

Wechsele die Farbe zu Hellgrün.

13. Reihe: Stricke alle Maschen kraus rechts.

14.–28. Reihe: Stricke die Maschen in allen Reihen kraus rechts.

Wechsele die Farbe zu Gelb.

29. Reihe: Stricke alle Maschen kraus rechts.

30.–58. Reihe: Stricke die Maschen in allen Reihen kraus rechts.

Bevor du die Arbeit durch das Überziehen der Maschen abkettest, prüfe noch einmal, dass du insgesamt 58 REIHEN, d. h. 29 Rippen, gestrickt hast.

Stricke 2 Flügel

Schlage 8 Maschen in Gelb an.

1. Reihe: Stricke alle Maschen kraus rechts.

2. Reihe: Stricke alle Maschen kraus rechts.

3.–8. Reihe: Stricke alle Maschen in beiden Reihen kraus rechts.
9. Reihe: Nimm 1 Masche ab (**stricke die ersten 2 Maschen zusammen**, wie du es auf **Seite 53** gelernt hast) und stricke alle übrigen Maschen kraus rechts = 7 Maschen.
10. Reihe: Nimm 1 Masche ab und stricke alle übrigen Maschen kraus rechts = 6 Maschen.
11. Reihe: Nimm 1 Masche ab und stricke alle übrigen Maschen kraus rechts = 5 Maschen.
12. Reihe: Nimm 1 Masche ab und stricke alle übrigen Maschen kraus rechts = 4 Maschen.

Bevor du die letzten 4 Maschen abkettest, prüfe, dass du insgesamt **12 REIHEN**, d. h. **6 Rippen**, gestrickt hast. Dann stricke noch einen **zweiten Flügel**.

Nähe alle Teile zusammen

Falte das Rechteck für **KOPF und KÖRPER** zur Hälfte und nähe die beiden langen Seiten zusammen.

Stülpe die Arbeit von innen nach außen und stopfe sie ein wenig aus. Nun schließe auch die kurze Seite, wobei du die Stiche sorgfältig und fast unsichtbar nähen solltest.
Ziehe an den beiden Ecken des Kopfes jeweils 2 Fäden des gelben Garns durch die Maschen und verknoten sie, sodass 2 Büschel entstehen.
Nähe die **FLÜGEL** an den Seiten des Körpers an.
Schneide für die **AUGEN** 2 kleine Kreise aus dem weißen Filz aus und klebe je ein Plastikauge in die Mitte. Stattdessen kannst du auch Knöpfe annähen oder einen weiteren kleineren Kreis aus schwarzem Filz aufkleben. Klebe die Augen dann direkt über den hellgrünen Teil, lass aber noch genug Platz, um auch einen schönen **SCHNABEL** aus rotem Filz in die Mitte zu kleben.
Dann schneide noch **FÜSSE** wie in der Zeichnung aus dem türkisfarbenen Filz aus. Klebe sie an den Ecken des Körpers fest.

Tschiep, tschiep!

Pyramiden-Bälle

So erstellst du eine 3-D-Form!

Jetzt wagen wir uns mal an ein dreidimensionales Projekt! Jeden der sensationellen Jonglierbälle beginnen wir wieder mit einem Rechteck, das sich nach dem Falten in ein Quadrat und nach dem Zusammennähen durch einen Trick in eine Pyramide verwandelt – magisch!

Los geht's mit dem Stricken

Schlage 20 Maschen in Gelb an.
1. Reihe: Stricke alle Maschen kraus rechts.
2. Reihe: Stricke alle Maschen kraus rechts.
3.–70. Reihe: Stricke alle Maschen in allen Reihen kraus rechts.

Bevor du die Arbeit durch das Überziehen der Maschen abkettest, überprüfe noch einmal sorgfältig, dass du insgesamt 70 REIHEN, d. h. 35 Rippen, gestrickt hast. Wenn du den Faden abschneidest, lass das Fadenende ca. 60 cm lang, damit du damit 2 von 3 Seiten schließen kannst.

Stricke auf diese Weise je ein gelbes, ein blaues und ein grünes Rechteck.

Das brauchst du:

Baumwollgarn in Grün, Blau und Gelb
passende Stricknadeln
eine Nadel ohne Spitze
ein wenig Füllwatte

Nähe den Jonglierball zusammen

Falte das Rechteck zur Hälfte, sodass sich ein Quadrat bildet, und schließe 2 Seiten.
Zwar sehen Vorder- und Rückseite gleich aus, aber die Seiten von ausgestopften Figuren sind schöner, wenn die Nähte innenliegen.
Stülpe darum das Innere nun nach außen und stopfe die Figur leicht aus.
Falte die Kanten der noch offenen Seite so, wie es auf den Fotos zu sehen ist, zusammen (das ist einfacher, als es zu erklären) und schließe auch diese Seite.
Wenn du die Hälfte der Naht geschlossen hast, stopfe den Ball vollständig aus, bevor du die Arbeit ganz schließt.

Tadaa, du hast einen Pyramiden-Ball hergestellt! Mit 3 Bällen in schönen Farben kannst du jetzt das Jonglieren üben!

Wand-Utensilo

Rechte Maschen, etwas Geduld und der Erfolg ist sicher!

Das brauchst du:

2 Knäuel Baumwollgarn in Aqua
passende Stricknadeln
eine Nadel ohne Spitze
ein farbiges Band
einen kleinen Holzzweig oder einen Stab

Für dieses Wand-Utensilo brauchst du einen Holzzweig. Am besten suchst du dir einen besonders schönen bei einem Waldspaziergang oder einen, den du dir vom Strand mitbringst. Solche Äste eignen sich besonders gut, weil sie schön glatt sind und einen natürlichen Charme haben. Wenn du keinen findest, kannst du auch einen Stab oder ein zugeschnittenes Stück einer Gardinenstange oder eines Besenstiels nehmen.

Los geht's mit dem Stricken

Schlage 30 Maschen an.
1. Reihe: Stricke alle Maschen kraus rechts.
2. Reihe: Stricke alle Maschen kraus rechts.
3.–144. Reihe: Stricke alle Maschen in allen Reihen kraus rechts.

Bevor du die Arbeit durch das Überziehen der Maschen abkettest, prüfe noch einmal, dass du insgesamt 144 REIHEN, d. h. 72 Rippen, gestrickt hast. Wenn du den Faden abschneidest, lass das Fadenende ca. 60 cm lang. Damit kannst du 2 der 3 Seiten schließen.

Die Fotos zeigen dir, wie das Utensilo gefaltet und genäht wird.

Nähe das Utensilo zusammen

Falte die beiden Seiten des Rechtecks so nach innen um, wie es auf den Bildern zu sehen ist. Aus der großen Lasche wird die Tasche, aus der kleinen Lasche der Tunnel, durch den der Zweig geschoben wird. Nähe die Seiten zusammen, lass bei der kleinen Lasche aber an beiden Seiten eine Öffnung für den Zweig frei.
Prüfe vor dem Nähen, dass der Zweig durch die Öffnung passt!

Schiebe den Zweig in die Schlinge, binde das farbige Band an den Seiten des Holzzweigs fest und hänge das Utensilo daran auf.
Du kannst dein Lieblingskuscheltier hineinlegen, es als Aufbewahrung für Wertsachen verwenden oder deine geheimsten Dinge darin verstecken.

Bananaaaaa

Du weißt sofort, um wen es sich handelt!

Welchen Minion magst du am liebsten?

Mir gefällt Kevin –»Hello Papagena, tu le bella comme la papaya!«. Um die Handyhülle zu nähen, musst du so viele Maschen anschlagen, wie du für die doppelte Breite deines Handys brauchst. Wenn du wie ich mit einem mittelstarken Baumwollgarn und Nadelstärke 4 mm strickst, reicht die Maschenzahl, die ich angeschlagen habe, für ein Handy mit einer Breite von etwa 7–8 cm.

Denke daran, immer abwechselnd 1 Reihe rechte Maschen und 1 Reihe linke Maschen zu stricken!

Los geht's mit dem Stricken

Schlage 45 Maschen in Blau an.

1. Reihe: Stricke alle Maschen rechts.

2. Reihe: Stricke alle Maschen links.

3.–15. Reihe: Stricke abwechselnd in einer Reihe alle Maschen rechts und in einer Reihe alle Maschen links.

Wechsele die Farbe zu Gelb. Achte bei jedem Farbwechsel darauf, ob die Maschen in der nächsten Reihe rechts (»V«) oder links (Wellen) gestrickt werden!

16.–27. Reihe: Stricke abwechselnd 1 Reihe rechte Maschen und 1 Reihe linke Maschen.

Wechsele die Farbe zu Schwarz.

28.–31. Reihe: Stricke abwechselnd 1 Reihe rechte Maschen und 1 Reihe linke Maschen.

Wechsele die Farbe zu Gelb.

32.–44. Reihe: Stricke abwechselnd 1 Reihe rechte Maschen und 1 Reihe linke Maschen.

Wenn die Handyhülle etwas länger werden soll, stricke noch ein paar Maschen in Gelb.

Das brauchst du:

Baumwollgarn in Blau, Gelb und Schwarz
passende Stricknadeln
eine Nadel ohne Spitze
Filzstücke in Weiß und Schwarz
ein Wackelauge zum Aufkleben

Dann kette die Maschen ab. Schneide den Faden ab, lass das Fadenende aber lang genug, um die Seiten damit zu schließen.

Vergiss nicht, vor dem Abketten die Zahl der gestrickten Reihen zu zählen (du weißt ja: 1 Reihe = 1 »V« auf der Vorderseite)!
In diesem Fall sollten es insgesamt 44 »V«s übereinander auf der Vorderseite der Arbeit sein.

Nähe den Minion zusammen

Falte das Rechteck zur Hälfte, sodass die schöne Vorderseite innenliegt, und nähe die Seiten zusammen. Stülpe die Hülle anschließend von innen nach außen, sodass nun die Vorderseite nach außen zeigt und die Nähte innen versteckt sind.

Schneide für das AUGE aus dem weißen Filz einen Kreis mit einem Durchmesser von etwa 4 cm aus und aus dem schwarzen Filz einen Kreis mit einem Durchmesser von etwa 5 cm aus. Klebe den weißen Kreis mit Vinylkleber auf den schwarzen Kreis.
Schneide aus dem schwarzen Filz noch einen kleineren Kreis mit einem Durchmesser von etwa 1,5 cm aus und klebe ihn in die Mitte des weißen Kreises.
Dann klebe das Wackelauge in die Mitte des schwarzen Kreises.
Wenn das so vorbereitete Auge gut getrocknet ist, klebe es in die Mitte der Hülle mit der Mitte des Auges genau auf der Höhe der gestrickten schwarzen Linie.

Ich habe Kevin mit einem großen Auge gemacht, weil er mein Favorit ist. Wenn du lieber Bob stricken möchtest, schneide 2 etwas kleinere Augen aus und klebe sie mit dem richtigen Abstand zueinander auf.

Bananaaaaa!

Anhänger

Hast Du Garnreste übrig?

Brauchst du ein Geschenk in letzter Minute? Diese kleinen Anhänger sind die perfekte Lösung! Du kannst dafür alle möglichen Farben verwenden, die Haarfarbe ändern oder lustige Frisuren flechten. **Deiner Fantasie sind keine Grenzen gesetzt!**

Los geht's mit dem Stricken

Schlage 10 Maschen in Rot an.

1. Reihe: Stricke alle Maschen rechts.

2. Reihe: Stricke alle Maschen links.

3.–8. Reihe: Stricke abwechselnd in einer Reihe alle Maschen rechts und in einer Reihe alle Maschen links.

Wechsele die Farbe zu Rosa. Achte bei jedem Farbwechsel darauf, ob die Maschen in der nächsten Reihe rechts (»V«) oder links (Wellen) gestrickt werden!

9.–12. Reihe: Stricke abwechselnd 1 Reihe rechte Maschen und 1 Reihe linke Maschen.

Wechsele die Farbe zu Gelb.

13.–17. Reihe: Stricke abwechselnd 1 Reihe rechte Maschen und 1 Reihe linke Maschen.

Wechsele die Farbe zu Rosa.

Das brauchst du:

Garnreste in Rosa, Rot, Grau und Gelb
passende Stricknadeln
eine Nadel ohne Spitze
ein bisschen Füllung
2 Paar schwarze Plastikaugen
ein Paar kleine Knöpfe
2 kleine Schlüsselringe
bunte Perlen

18.–21. Reihe: Stricke abwechselnd 1 Reihe rechte Maschen und 1 Reihe linke Maschen.

Wechsele die Farbe zu Rot.

22.–29. Reihe: Stricke abwechselnd 1 Reihe rechte Maschen und 1 Reihe linke Maschen.

Kette die Maschen ab. Schneide den **Faden** ab, lass das Fadenende aber **lang genug**, um die Seiten damit zu schließen.

Nähe den Anhänger zusammen

Falte das Rechteck zur Hälfte, wobei die Vorderseiten nach innen und alle zotteligen Fadenenden nach außen zeigen, und **nähe** die Seiten zusammen.
Stülpe die Arbeit von innen nach außen und **stopfe** sie ein wenig, aber **nicht zu viel**, sonst werden die Anhänger zu Kugeln! Nach dem Ausstopfen schließe die letzte kurze Seite mit ganz sorgfältigen Stichen, sodass sie fast unsichtbar sind.

Fädele einen Faden in Rot in eine Nadel, lass ein ca. 30 cm langes Fadenende, beginne in der hinteren Mitte und webe den Faden durch die »V«s der obersten Reihe in Rot. Wenn du hinten wieder angekommen bist, ziehe den Faden etwas an, sodass sich Kopf und Körper formen, verknote beide Fadenenden und schneide sie kurz ab.

Schneide 4 Fäden in Gelb von gleicher Länge für die ZÖPFE zu, nähe jeweils 2 Fäden bis zur Mitte durch eine Ecke an beide Seiten des Kopfes, verknote sie und schneide sie auf die Länge, die dir gefällt.

Du kannst den Kopf auch ohne die Zöpfe einfach mit »kurzen Haaren« lassen oder hinten einen Pferdeschwanz einknüpfen.

Klebe die beiden AUGEN mit Vinylkleber auf das Gesicht.

Nähe einen kleinen Knopf in der Mitte des Bauches an. Wenn du keine Knöpfe hast, kannst du z. B. auch eine hübsche Perle verwenden.

Fädele einige bunte Perlen auf einen Faden und binde sie als HALSKETTE um den Hals.

Ziehe einen Schlüsselring durch ein V der oberen Mitte des Kopfes. Er macht aus deinem Püppchen einen Anhänger!

Färbe dem Püppchen mit einem kleinen Pinsel und etwas von Mamas Rouge oder Lidschatten hübsche rosa Wangen. Bevor du die Farbe aufträgst, schütte etwas Farbe auf ein Papiertuch und färbe die Wangen damit ganz vorsichtig und nur nach und nach ein. Wenn du zu viel Farbe auf einmal aufträgst, ist es fast unmöglich, sie wieder zu entfernen!

Den grauen Anhänger arbeitest du genauso, tausche dabei einfach das rote durch das graue Garn aus.

Die kleine Meerjungfrau

Zunahmen, Abnahmen und ein Sprung ins blaue Meer!

»Das Leben unter dem Meer ist besser als alles, was sie da oben haben!«
Die kleine Meerjungfrau wird ähnlich wie der Anhänger gearbeitet, aber mit etwas mehr Herausforderungen! Das sollte dich nicht abschrecken, denn an diesem Punkt des Buches hast du bereits eine Menge Erfahrung im Stricken!!!

Los geht's mit dem Stricken

Schlage 8 Maschen in Türkis an.
1. Reihe: Stricke alle Maschen kraus rechts.
2. Reihe: Stricke alle Maschen kraus rechts.
3. Reihe: Nimm 1 Masche ab (stricke die ersten 2 Maschen zusammen, wie du es auf Seite 53 gelernt hast) und stricke die übrigen 6 Maschen kraus rechts = 7 Maschen.
4. Reihe: Nimm 1 Masche ab und stricke die übrigen 5 Maschen kraus rechts = 6 Maschen.
5. Reihe: Nimm 1 Masche ab und stricke die übrigen 4 Maschen kraus rechts = 5 Maschen.
6. Reihe: Nimm 1 Masche ab und stricke die übrigen 3 Maschen kraus rechts = 4 Maschen.
7. Reihe: Nimm 1 Masche ab und stricke die übrigen 2 Maschen kraus rechts = 3 Maschen.
8. Reihe: Nimm 1 Masche ab und stricke die letzte Masche kraus rechts = 2 Maschen.
9. Reihe: Stricke beide Maschen kraus rechts.
10. Reihe: Nimm 1 Masche zu (stricke dazu 1 Masche doppelt, wie du es auf Seite 54 gelernt hast) und nimm noch einmal 1 Masche zu = 4 Maschen.

Das brauchst du:

Baumwollgarn in Rosa, Türkis und Koralle
passende Stricknadeln
eine Nadel ohne Spitze
ein bisschen Füllung
2 schwarze Plastikaugen
2 Sternknöpfe
2 kleine Schlüsselringe
bunte Perlen

11.–12. Reihe: Stricke alle Maschen in beiden Reihen kraus rechts.

13. Reihe: Nimm 1 Masche zu, stricke 2 Maschen kraus rechts, nimm 1 Masche zu = 6 Maschen.

14.–15. Reihe: Stricke alle Maschen in beiden Reihen kraus rechts.

16. Reihe: Nimm 1 Masche zu, stricke 4 Maschen kraus rechts, nimm 1 Masche zu = 8 Maschen.

17.–18. Reihe: Stricke alle Maschen in beiden Reihen kraus rechts.

19. Reihe: Nimm 1 Masche zu, stricke 6 Maschen kraus rechts, nimm 1 Masche zu = 10 Maschen.

20.–21. Reihe: Stricke alle Maschen in beiden Reihen kraus rechts.

Wechsele die Farbe zu Rosa. Achtung! Jetzt wechseln wir auch von kraus rechts zu glatt rechts!

22.–33. Reihe: Stricke abwechselnd 1 Reihe rechte Maschen und 1 Reihe linke Maschen (erinnere dich, das nennt man »glatt rechts«).

Wechsele die Farbe zu Koralle.

34.–39. Reihe: Stricke alle Maschen in allen Reihen glatt rechts.

Wechsele die Farbe zu Rosa.

40.–51. Reihe: Stricke alle Maschen in allen Reihen glatt rechts.

Wechsele die Farbe zu Türkis. Achtung! Jetzt wechseln wir wieder von glatt rechts zu kraus rechts!

52.–53. Reihe: Stricke alle Maschen in beiden Reihen kraus rechts.

54. Reihe: Nimm 1 Masche ab, stricke 6 Maschen kraus rechts, nimm 1 Masche ab = 8 Maschen.

55.–56. Reihe: Stricke alle Maschen in beiden Reihen kraus rechts.

57. Reihe: Nimm 1 Masche ab, stricke 4 Maschen kraus rechts, nimm 1 Masche ab = 6 Maschen.

58.–59. Reihe: Stricke alle Maschen in beiden Reihen kraus rechts.

60. Reihe: Nimm 1 Masche ab, stricke 2 Maschen kraus rechts, nimm 1 Masche ab = 4 Maschen.

61.–62. Reihe: Stricke alle Maschen in beiden Reihen kraus rechts.

63. Reihe: Nimm 1 Masche ab und nimm noch einmal 1 Masche ab = 2 Maschen.

64. Reihe: Stricke alle Maschen kraus rechts.

Kette die letzten 2 Maschen ab, schneide den Faden ab und lass das Fadenende dabei ca. 60 cm lang. Du brauchst es noch, um die Seiten zu schließen.

Die Meerjungfrau zusammennähen

Falte die Arbeit zur Hälfte, und zwar so, dass die Vorderseite und alle Fadenenden innenliegen. Dann schließe die Seiten, lass dabei aber noch eine kleine Öffnung zum Wenden und Ausstopfen! Stülpe die Arbeit von innen nach außen und stopfe sie ein wenig aus, aber nicht zu viel, sonst verwandelt sich die kleine Meerjungfrau in einen kleinen Wal! Nach dem Ausstopfen nähe die kleine Öffnung noch zu. Versuche, das ganz sorgfältig zu machen, sodass man die Stiche kaum sieht. Fädele einen Faden in Rosa in eine Nadel ein, zähle in der hinteren Mitte in dem Abschnitt in Rosa 8 »V «s von unten über dem Schwanz in Türkis und webe den Faden ringsum durch die Maschen dieser Reihe. Wenn du hinten wieder angekommen bist, ziehe beide Fadenenden gut an, sodass sich Körper und Kopf ausformen, verknote die beiden Fäden fest und schneide die Fadenenden kurz ab.

Schneide 4 Fäden in Koralle für die Zöpfe in gleicher Länge zu, nähe jeweils 2 Fäden bis zur Fadenmitte durch eine Ecke an beide Seiten des Kopfes, verknote sie und schneide sie auf die Länge, die dir gefällt.
Klebe die beiden AUGEN mit Vinylkleber auf das Gesicht.
Nähe 2 kleine, sternförmige Knöpfe auf die Brust wie bei einem Bikini!
Ziehe einen Schlüsselring durch ein V der oberen Mitte des Kopfes. Er macht aus deiner Meerjungfrau einen Anhänger!
Fädele einige bunte Perlen auf einen Faden und binde sie als HALSKETTE um den Hals.
Färbe mit einem kleinen Pinsel und etwas von Mamas rosa Schminke, also mit Rouge oder Lidschatten, hübsche rosa Wangen. Bevor du die Farbe aufträgst, schütte etwas Farbe auf ein Papiertuch und färbe die Wangen damit ganz vorsichtig und nur nach und nach ein. Wenn du zu viel Farbe auf einmal aufträgst, ist es fast unmöglich, sie wieder zu entfernen!

Auf dem Grunde des Meeres, auf dem Grunde des Meeres …

Lesezeichen

Wenn du ein Buch liest, dann mit Stil!

Mit ein bisschen Garn und ein paar Perlen kannst du ein kleines Kunstwerk schaffen!

Los geht's mit dem Stricken

Schlage 10 Maschen an.

1. Reihe: Stricke alle Maschen rechts.

2. Reihe: Stricke alle Maschen rechts.

3.–40. Reihe: Stricke alle Maschen aller Reihen kraus rechts.

41. Reihe: Kette 1 Masche ab und stricke alle übrigen Maschen kraus rechts = 9 Maschen.

42.–49. Reihe: Kette 1 Masche ab und stricke alle übrigen Maschen kraus rechts.

Schneide den Faden mit einem langen Fadenende ab und ziehe das Fadenende durch die letzte Masche. Fädele einige farbige Perlen mithilfe einer Nadel auf das Fadenende und schiebe sie bis zur Spitze des Lesezeichens. Experimentiere mit der Reihenfolge der Perlen so lange, bis dir das Ergebnis gefällt, dann mache einen festen Knoten, um die Perlen gut zu befestigen. Du kannst das Lesezeichen auch **persönlich gestalten**, indem du deine Initialen (oder die der Person, der du es schenken möchtest) auf ein Stück Filz malst und dieses mit Vinylkleber aufklebst.

Das brauchst du:

Baumwollgarn in Orange
passende Stricknadeln
eine Nadel ohne Spitze
ein paar bunte Perlen

Armreif oder Haarband

Viele Quadrate aus rechten und linken Maschen!

Hast du den Geburtstag deiner besten Freundin vergessen? Oder ist heute Muttertag und du brauchst noch ein besonderes Geschenk? Auch für dieses Projekt brauchst du nicht viel Zeit. Es eignet sich perfekt als Geschenk in letzter Minute! **Kurz** ist es ein **ARMBAND**, lang ist es ein **HAARBAND**.

Bevor du mit der Arbeit beginnst, miss den Umfang deines Handgelenks und addiere 1 cm dazu. Dann kannst du das Armband tragen, ohne dass es zu eng wird. Wenn du ein Haarband anfertigen möchtest, miss den Umfang deines Kopfes und addiere 1 cm hinzu.

Los geht's mit dem Stricken

Schlage 9 Maschen an.

1. Reihe: Stricke alle Maschen rechts.

2.–3. Reihe: Stricke alle Maschen beider Reihen rechts.

4. Reihe: Stricke 3 Maschen rechts, dann 3 Maschen links, dann 3 Maschen rechts.

5. Reihe: Stricke alle Maschen rechts.

6. Reihe: Stricke 3 Maschen rechts, 3 Maschen links, 3 Maschen rechts.

7. Reihe: Stricke alle Maschen rechts.

8. Reihe: Stricke 3 Maschen rechts, 3 Maschen links, 3 Maschen rechts.
9.–12. Reihe: Stricke alle Maschen aller Reihen rechts.
13. Reihe: Stricke 3 Maschen rechts, 3 Maschen links, 3 Maschen rechts.
14. Reihe: Stricke alle Maschen rechts.
15. Reihe: Stricke 3 Maschen rechts, 3 Maschen links, 3 Maschen rechts.
16. Reihe: Stricke alle Maschen rechts.
17. Reihe: Stricke 3 Maschen rechts, 3 Maschen links, 3 Maschen rechts.

Das brauchst du:

ein Knäuel Baumwollgarn in Rot
passende Stricknadeln
eine Nadel ohne Spitze
ein paar bunte Perlen oder speziell geformte Knöpfe

WIEDERHOLE die 9.–17. Reihe so lange, bis du die gewünschte Länge erreicht hast.

Stricke nun für den VERSCHLUSS noch 4 Reihen kraus rechts mit einem Knopfloch (wie das geht, steht auf Seite 65):

1. Reihe für den Verschluss: Stricke alle Maschen rechts.

2. Reihe für den Verschluss mit einem Knopfloch: Stricke 4 Maschen rechts, lege den Faden von vorne nach hinten über die rechte Nadel, stricke dann 2 Maschen zusammen und stricke die übrigen 3 Maschen rechts.

3.–4. Reihe für den Verschluss: Stricke alle Maschen in beiden Reihen rechts.
Dann kette die Maschen ab.

Vernähe die Fadenenden auf der Rückseite des Bandes, indem du sie durch die Maschen ziehst.

Nähe den Knopf an und knöpfe ihn durch das kleine Loch, das du in den Verschluss eingestrickt hast.

Das Muster bildet kleine Quadrate, in die du Perlen, bunte Knöpfe, Pailletten oder was immer dir gefällt, einnähen oder aufkleben kannst.

Täschchen

Für Farbwechsel, Abnahmen und Knopflöcher bist du jetzt Experte!

Was für ein hübsches, kleines Täschchen für all deine kleinen Schätze!

Los geht's mit dem Stricken

Schlage 15 Maschen mit dem gelben Garn an.

1. Reihe: Stricke alle Maschen rechts.

2. Reihe: Stricke alle Maschen links.

3.–12. Reihe: Stricke glatt rechts (abwechselnd 1 Reihe rechte Maschen und 1 Reihe linke Maschen).

Wechsele die Farbe zu Grün. Achte bei jedem Farbwechsel darauf, ob die Maschen in der nächsten Reihe rechts (»V«) oder links (Wellen) gestrickt werden!

13.–15. Reihe: Stricke alle Maschen glatt rechts.

Wechsele die Farbe zu Gelb.

16.–18. Reihe: Stricke alle Maschen glatt rechts.

Wechsele die Farbe zu Grün.

19.–34. Reihe: Stricke alle Maschen glatt rechts.

Wechsele die Farbe zu Türkis.

35.–38. Reihe: Stricke alle Maschen glatt rechts.

Wechsele die Farbe zu Grün.

39.–40. Reihe: Stricke alle Maschen glatt rechts.

Wechsele die Farbe zu Türkis.

41.–48. Reihe: Stricke alle Maschen glatt rechts.

49. Reihe: Kette 1 Masche ab und stricke die übrigen Maschen glatt rechts = 14 Maschen.

Das brauchst du:

Baumwollgarn in Gelb, Grün und Türkis
passende Stricknadeln
eine Nadel ohne Spitze
einen hübschen Knopf

50. Reihe: Kette 1 Masche ab und stricke die übrigen Maschen glatt rechts = 13 Maschen.
51. Reihe: Kette 1 Masche ab und stricke die übrigen Maschen glatt rechts = 12 Maschen.
52. Reihe: Kette 1 Masche ab und stricke die übrigen Maschen glatt rechts = 11 Maschen.
53. Reihe: Kette 1 Masche ab und stricke die übrigen Maschen glatt rechts = 10 Maschen.
54. Reihe: Kette 1 Masche ab und stricke die übrigen Maschen glatt rechts = 9 Maschen.
55. Reihe mit Knopfloch: Kette 1 Masche ab, stricke 3 Maschen rechts, lege den Faden von vorne nach hinten über die rechte Nadel, **stricke 2 Maschen zusammen** (Anleitung auf Seite 65) und stricke die übrigen 3 Maschen rechts = 8 Maschen.
56. Reihe: Kette 1 Masche ab und stricke die übrigen Maschen glatt rechts = 7 Maschen.
57. Reihe: Kette 1 Masche ab und stricke die übrigen Maschen glatt rechts = 6 Maschen.
58. Reihe: Kette 1 Masche ab und stricke die übrigen Maschen glatt rechts = 5 Maschen.
59. Reihe: Kette 1 Masche ab und stricke die übrigen Maschen glatt rechts = 4 Maschen.
Kette die letzten 4 Maschen ab.

Falte das Rechteck bis zu den Abnahmen nach oben, wobei die Vorderseiten innen liegen, damit die Nähte später im Inneren versteckt sind. **Schließe die Seiten** und stülpe das Täschchen von innen nach außen.
Schlage die Klappe um, sodass das Täschchen geschlossen ist, und markiere dir die Position des Knopfes mit einer Stecknadel. Dann nähe einen hübschen farbigen Knopf an und verschließe das Täschchen.

Vergewissere dich vorher aber, dass der Knopf durch das Knopfloch passt, bevor du ihn endgültig annähst!

Abkürzungen

Einfach praktisch:
Abkürzungen sind keine mysteriöse Geheimsprache, sondern helfen, Strickanleitungen kurz und knackig aufzuschreiben. Die würden sonst viele Seiten lang sein.

Es lohnt sich also, die Bedeutung einiger Abkürzungen zu kennen, auf die du stoßen wirst, wenn du dich an zukünftige Werke wagst.

Das Wort »Maschen« wird mit »M« abgekürzt, das Wort »Reihe« mit »R«. Sollen rechte Maschen gestrickt werden, heißt das oft kurz »re«.
Sollen linke Maschen gestrickt werden, wird das mit »li« abgekürzt.
Und was bedeuten nun solche Ausdrücke in einer Anleitung?

1 M re, 1 M li

Stricke erst 1 Masche rechts und dann 1 Masche links.
Wenn du diese 2 Maschen immer wiederholst, strickst du ein Pulloverbündchen.

1 R re, 1 R li

Stricke erst 1 Reihe rechte Maschen und dann 1 Reihe linke Maschen.
Wenn du diese 2 Reihen immer wiederholst, strickst du – das weißt du schon! – glatt rechts.

Das mag am Anfang etwas kniffelig sein, aber sobald du dein erstes Stück nach einer Anleitung gestrickt hast, wird es dir ganz klar sein – versprochen!

Hier ist eine kleine Liste der häufigsten Abkürzungen, damit du auch Anleitungen aus anderen Büchern oder Zeitschriften verstehst.

abk	abketten
abn	abnehmen
anschl	anschlagen
li	links stricken
M	Masche und auch Maschen
Nd	Nadel und auch Nadeln
R	Reihe und auch Reihen
re	rechts stricken
str	stricken
wdh	wiederholen
zun	zunehmen
zus	zusammenstricken
[ ] { } ( )	wiederhole die Beschreibung in den Klammern so oft wie angegeben
ab * wdh	wiederhole eine längere Beschreibung (auch Mustersatz oder Rapport genannt) ab dem * so oft wie angegeben

Impressum

Die Originalausgabe ist unter dem Titel Sfida all'ultima maglia! erschienen.
©2022 Il Castello Srl
Via Milano, 73/75 - 20007 Cornaredo (MI)
Autorin: Mariella Vitale
Fotografie : Giorgio Uccellini
Illustrationen: Aleida Esposito

Für die deutsche Ausgabe:
Verantwortlich: Raphaela Lechner
Übersetzung: Stephanie van der Linden
Korrektorat: Mareike Weber
Layout/Satz für die deutsche Ausgabe: satz & repro Grieb, München
Umschlag: Mathias Frisch
Herstellung: Julia Hegele
Printed in Slovenia by Florjancic Tisk

★★★★★

Sind Sie mit diesem Titel zufrieden? Dann würden wir uns über Ihre Weiterempfehlung freuen. Erzählen Sie es im Freundeskreis, berichten Sie Ihrem Buchhändler oder bewerten Sie beim Onlinekauf. Und wenn Sie Kritik, Korrekturen, Aktualisierungen haben, freuen wir uns über Ihre Nachricht an:
Christian Verlag, Postfach 40 02 09, 80702 München oder per E-Mail an lektorat@verlagshaus.de.

Unser komplettes Programm finden Sie unter

www.christophorus-verlag.de

 In diesem Buch wird aus Gründen der besseren Lesbarkeit das generische Maskulinum verwendet. Weibliche und anderweitige Geschlechteridentitäten werden dabei ausdrücklich mitgemeint, soweit es für die Aussage erforderlich ist.

Die Deutsche Nationalbibliothek verzeichnet diese Publikation in der Deutschen Nationalbibliografie; detaillierte bibliografische Daten sind im Internet über http://dnb.d-nb.de abrufbar.

2. Auflage 2026

Infanteriestraße 11a
D 80797 München

ISBN 978-3-8388-3924-0

Kreativ-Service

Sie haben Fragen zu unseren Büchern und Materialien? Wir beraten Sie gern rund um alle Kreativthemen. Rufen Sie uns einfach an. Wir interessieren uns auch für Ihre eigenen Ideen und Anregungen. Sie erreichen uns per E-Mail kreativ-service@c-verlag.de oder unter der Telefonnummer 0049-89-1306 99 577.

Besuchen Sie uns im Internet: **www.christophorus-verlag.de** & **www.selbstgemacht.de**